多明尼卡．芭蘭
——旅行路線圖

◉ 飛機 ……………
◉ 火車 ▬▬▬
◉ 汽車、單車 ———

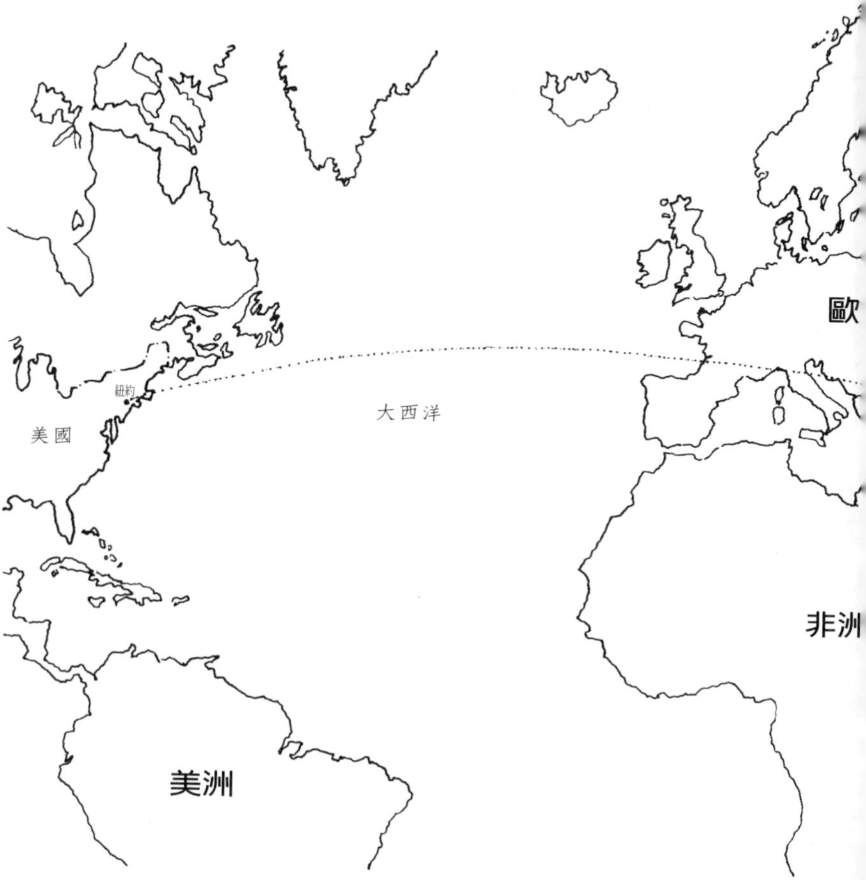

多明尼卡・芭蘭是個金髮的哈佛女生，她是家中的獨生女，也是個女性主義者。但她居然一個人背著旅行包，闖入最男性主義的社會。由波士頓到伊斯坦堡、塔什干、撒馬爾罕、布卡拉、基發，再穿過阿拉木圖進入中國。這本書記載了她的旅行研究和探險，更展現了一個女性主義者對中亞文化的挑戰與思辨。多明尼卡以行動証實女性不是弱者，正如她在書中所說——「我希望中國女孩子能了解這一點，不要因為傳統社會說『不能』，就真的認為自己不能……。」

【劉軒序】

我永遠不會忘記四川北部的松潘，
在那裡和兩位回族的老先生騎馬上山，
晚上坐在火旁聽他們講故事，
早上吃他們現烤出來的麵包。
我也很喜歡台灣的澎湖外島，
夜裏跟當地人一起去抓螃蟹，
抬頭看到每戶人家神壇上的小紅燈……

要走，就要夠狠！

剛認識多明尼卡是六年前。那時我大學四年級，住在哈佛最古老的宿舍Adams House裏。只記得她時常穿著羊皮大衣和長靴，快步走進學生餐廳，一頭耀眼的金髮，非常引人注意。

我是習慣逗留在餐廳裏的「扯淡社長」。那年情人節，宿舍裏辦個「單身貴族」大餐，正好與她聊上，彼此抱怨著自己的感情生活，說情人節是資本主義社會利用人性弱點來強迫消費的可惡陰謀。大學生，本來就比較憤世嫉俗嘛！

當時我就覺得她跟其他的美國女孩子不太一樣，後來才知道她是十五歲才從歐洲移民到美國的。也難怪她喜歡出沒在校園附近煙霧彌漫的歐式咖啡店。我們一群朋友常躲在那裡看書、做功課、寫一些自認爲很酷的短文和瞎扯……她一直對中國很有興趣，有問不完的問題，常把我這個從小就在美國長大的「華僑」考倒。

我乾脆跟她說：「妳那麼好奇，自己可以去一趟啊！」未料不到兩年之後，她眞的去了中國。

事後，我讀了她整理出來的旅遊日記，不禁感嘆：從她的遊記中，我看到了中國的另一個面貌。她去過的許多地方，我也曾經到過，但她的經驗可比我的大不相同。我當時就認爲不只美國人會感覺新鮮，中國人也應該看！

於是，我把她的遊記翻譯成中文。《我獨自走過中國》就這麼問世了。

◉難道女孩就沒膽嗎？

在策畫《要走就要夠狠》時，我常跟多明尼卡在校園旁邊的「燕京餐館」吃飯，討論翻譯上的問題。

以前，她連筷子都不會用。如今，我們可以一邊吸嚕酸辣湯，一邊談她在中國各地吃過的山珍海味：北京的「全聚德」烤鴨、四川路邊的麻辣火鍋、台灣夜市的臭豆腐、成都的蛇膽……蛇膽？

「是啊！」她說：「青色的膽汁混著一小杯烈酒。我很好奇，拿過來就喝了。」

後來朋友們才告訴我，這是給男人喝來『壯陽』和『壯膽』的東西。我想，有什麼不同？難道女孩子就沒膽嗎？」

說得沒錯。認識多明尼卡的人都不得不承認：她很有膽。

大學時有一年暑假，哈佛學生辦的旅遊出版社 Let's Go 有個朋友聯絡她，要她去保加利亞做臨時編輯。她在十天內便打好了包，擬好了行程，飛去保加利亞待了一個月，還幫 Let's Go 完成了東歐的旅遊指南。

拿到哈佛榮譽學士學位後，她直接申請到碩士班，研究中亞和蘇聯地區。學了一年的烏茲別克文，她獲得校方獎學金補助，去塔什干作語言研究。

我還記得那年夏天，當畢業生都忙著搬出宿舍的時候，她找我一起去買衣服。我們先到二手店翻「$0.99一磅」的大籃子，挑了幾件長袖襯衫，再去買長裙。當季的裙線都在膝蓋以上，但多明尼卡說中亞的社會很保守，跑了三家，終於找到一條長度到腳踝、顏色還夠樸素的。我很難想像這就是那曾經穿著黑皮比基尼、配上鐵鍊和高靴去參加萬聖節化裝晚會的辣妹。

她付了錢，把收據放進一個寫著「中亞預算」的信封裏，然後把裙子捲成一團塞進書包。「新衣服，這樣子不弄皺了？」我問。

「捲起來，佔的空間比較少。」她說：「我只帶一個背包上路，不能再多。」

我們接著去學校附近一家專賣旅遊書籍的書店。她指著牆上的世界地圖，從波士頓畫個大大的弧線越過大西洋和歐洲，停在土耳其，然後又一個弧線，停在靠近中國西邊的一個地方。她從架子上取下一本介紹中亞的書，同時又抓了兩本中國大陸和台灣的旅遊指南，轉過來對我擠個眼。

「家裡還不知道，我只買了單程機票……！」

那年夏天，在塔什干作完研究之後，她背著背包，經烏魯木齊到敦煌、西安、北京，再南下到深圳、香港、台灣……

……回到美國後，不但完成了碩士論文，還寫了兩本暢銷的遊記。

◉寧可坐硬座

「夠狠的女孩」是我老爸用來形容她的句子。「她有著百折不撓的毅力和獨自走天涯的勇氣。她夠狠——對自己狠！」

我老爸說他讀多明尼卡的書時，第一篇就令他濕了眼眶。他說身爲父親，要是知道自己的女兒在異鄉，用一點點錢住簡陋的旅舍、淋著雨、挨著餓地橫越陌生的中國，自己一定會心疼得落淚。

可是，多明尼卡不那麼認爲。「年輕人都是這樣的旅遊！哪有聽說背包族住五星級飯店的？」

《我獨自走過中國》原本有個英文書名，叫做《Rather Take the Hard Seat》（寧可坐硬座）。這句話反應了她的旅遊哲學：「最道地的經驗不一定是最貴的。」她說：「反而，常是最便宜的。我在大陸時爲了省錢，在火車上買最廉價的硬座票，十幾個小時跟大家擠在板凳上，但也因此遇見了許多當地人，交了很多朋友。如果我當時只買舒服的軟臥票，當然會睡得好一點，但也肯定不會有那麼豐富的體驗，那麼多的靈感！」

多明尼卡的父母當然操心，但除了叮囑她要小心之外，從來沒有阻止過她的計畫。她父親尤其從多明尼卡小時候就把她當大人看待，凡事讓她自己做決定。所以雖然多明尼卡是獨生女，卻沒有一點嬌氣。

她十五歲移民美國時還不會說英文，但三年之內便考上了哈佛。申請哈佛也純屬她自己的志願，家裡沒意見，也完全沒給她施壓。準備SAT會考時，她一共背了三千五百張單字卡。如今，她在哈佛研究所搞「語言學」，我一點也不覺得奇怪。

◉離開家鄉的遺憾

「爸爸說我繼承了奶奶的個性。」多明尼卡說。「尤其是倔強的那部份！」

多明尼卡小時候住在波蘭。雖然當時東歐的生活困苦（她記得光是爲了買幾捲衛生紙，跟母親花一整天排隊的日子），但她也保留了許多美好的回憶。

她跟她奶奶最親近。「我奶奶念的書雖然不多，但人生歷練非常豐富。她是個女強人，一生賣力地打工，照顧我爺爺和兩個兒子。她從來不曾依靠過任何人。」

「我奶奶也對世界充滿了好奇：她很愛旅遊，還去過古巴和蒙古，對當時的波蘭人來說是遙不可及的地方！她出外旅行時，都會特別留一餐，去當地最高級的餐館。她不是有錢人，只不過是以『你只活一次』的態度享受生活。我小時候最喜歡聽她說故事了。每次她來看我，我都要跟她睡，整夜跟她聊天。到現在，蒙古還是我最想去的地方之一！」

「然後，我們突然離開了波蘭。我父親爲了找較好的生活，在我十四歲那年帶著我和我母親移民到義大利。不知爲什麼，父親事先沒告訴我奶奶。到義大利之後，他只寫了個卡片回家，說『我們喜歡這兒，所以要留下來了』。我奶奶很生氣，從此拒絕與我父母來往，不接他們電話，甚至連我的信也不回。不久之後，她得了癌症，不到一年就去世了。如今想到她，我還是覺得很難過。如果我有機會見到任何人，但只能選一位，我會希望見到她，跟她說說話。」

◉獨立的女孩是危險的

多明尼卡不但自己有堅強的個性，對整個女性社會也有抱負。她出版遊記的原因之一，就是希望能借此激發別的女孩子鼓起勇氣，像她一樣出去看世界。在台灣和大陸的簽名會上，經常有讀者對她說：「我們很羨慕妳有這樣的經驗，但對我們來說是不可能的……因爲我們是女孩子。」

多明尼卡立刻回答：「這裡不是極端的回教國家，社會應該追求男女平等，爲什麼要給自己這種限制呢？」

我曾經說多明尼卡是個「女權主義者」。她則說：

「在許多傳統社會，『女權』是句髒話，好像女權主義者全是不剃腋毛、不生孩子、恨男人的女同性戀者。在波蘭、甚至美國還有許多人有這種成見。事實上，『女權主義』不是『反男人主義』，是一種敢問問題的精神，就是當有人說：『這不是女孩子做的事』或『女孩子不能這樣』時，敢站起來問『爲什麼？』」

她還說：「我記得有一次在成都坐公車，司機是個很年輕、長得很秀氣的女孩子，一面腳踩著刹車，一面大聲地對車上的男人喊著保持秩序。我很訝異，當我跟大陸的朋友提到這件事，他們一點都不覺得奇怪。他們都說：『本來大陸就有很多女孩子開公車的』。」

「但同時，西方的夫妻都去中國領養小女孩，因爲大陸的孤兒院裏大多是女棄嬰。我認識的男孩子去大陸旅行時，總會有人打電話到旅館房間，問他們要不要小姐。怎麼沒有人問我們女孩子要不要男的陪伴啊？更不要提那些開到天亮、紅光迷濛的『美容院』了。」

「中國是個有趣的地方。在很多方面男女依舊保持著傳統的看法，但也有許多角色被近數十年來的歷史所顛覆。我在成都認識了一個二十二歲的男孩子，正準備去西方留學，並打算把跟他交往好幾年的女朋友留在大陸。我問他爲什麼女朋友不要跟他一起出國。他說：『她想要啊！可是我得集中精神適應新的環境，沒辦法照顧她。中國的女孩子不如西方的女孩子獨立，她們是需要男人照顧的。』」

「我不知道我朋友說的有多少是事實，有多少是成長時學來的價值觀，有多少是他自以爲是的。對大男人主義的社會來說，獨立的女孩子是『危險』的，因爲她們不能被控制。需要被人照顧，相對的就得聽人使喚。說實話，我在大陸認識的許多女孩子都很堅強、很獨立。她們可能表面上不像西方女孩那麼有主見，但她們都很努力、敢做自己的決定、吃苦耐勞、而且不怕做『男人的工作』。像我在陽朔認識的一位導遊，每天騎著腳踏車帶團，爲了賺錢養她的三個孩子；像是在長途公車上，一次出門就幾天不能回家的查票小姐；像是我在成都認識的，和她先生一起經營著大生意的一位太太；還有一位從河北跑到川大教書，自己練出一口流利英語的女老師——我敬佩她們。也因此，我很驚訝聽到我朋友說的那番話。當然每個人都不同，但傳統社會似乎相信女性就是弱者，事實上她們一點都不弱。我希望中國的女孩子能了解這一點，不要因爲傳統社會說『不能』，就眞的認爲自己不能！」

◉像熊貓的老外

前年夏天，多明尼卡去成都，上四川大學的暑期中文訓練班。如今，她已經可以輕鬆地用中文做簡單的交談，而且學四川人說「沒的」，可眞道地呢！

有了這麼豐富的中國經驗，我問她最喜歡什麼地方。

「在大陸的話，我最喜歡四川。我對『麻辣』這兩個字有了特深的體會！同時，我也很愛中國西邊的黃土高原、北京的老胡同、靠近西藏的綠草原和山脈，還有塔公的艷麗小村莊、和雲南東北部的納西部落。我特別懷念敦煌，因爲那是我到的第一站——當時我還不敢相信自己眞的到了中國呢！我也永遠不會忘記四川北部的松潘，在那裡和兩位回族的老先生騎馬上山，晚上坐在火旁聽他們講故事，早上吃他們現烤出來的麵包。我也很喜歡台灣的澎湖外島，夜裏跟當地人一起去抓螃蟹，抬頭看到每戶人家神壇上的小紅燈……」

「我覺得我比較喜歡去觀光客少去的地方，或更應該說我喜歡所有與當地人相處的經驗。我可能會忘記某個壁畫上的顏色或某間古廟的門，但永遠不會忘了在路途上認識的朋友。」

接著，我便問她在中國最不喜歡的事。

「我最受不了到處被人指指點點，聽人在我背後用嘲笑的口氣說HELLO!!然後躲起來。好像不管在哪裡，都總是有人盯著我看，好像我是怪物似的。」

「有次，我去成都動物園看熊貓。旁邊有對夫婦帶著兩個孩子。其中一個孩子指著籠子說『熊貓！熊貓！』，另一個孩子則指著我說『老外！老外！』，眞是讓我哭笑不得啊！」

◉夢想的旅途

聽多明尼卡講了這麼多，我不禁開始反省：雖然我也愛旅遊、也常寫遊記，但她那種「夠狠」的自我突破精神，卻是我還應該多學習的。

「好吧！」我問：「妳學了中文、獨自走過了中國，下面還想去哪裡？」

她對我皺個鼻子：「你認識我也夠久的了，你知道我想去的地方多的是呢！」

「我這麼問吧！什麼是妳最夢想的旅遊？」

她的答案對我來說，充分顯示了她這個女孩的個性——獨立、愛冒險、但總是帶點浪漫：

「有一天，我想買艘船，去四處遊蕩：到希臘的小島、地中海、北非、西西里、薩丁尼亞、和西班牙。然後過大西洋，順道在馬得拉和亞速群島逗留一下，然後到加勒比海，去多明尼加小島住一陣子！接著穿過巴拿馬運河到加拉巴哥，再過太平洋到神秘的復活島。」

「當然，」她最後說：「在這整個夢想的旅途上，我會要我的終生愛人在身旁，陪伴著我寫一本暢銷的名著！」

◉這只是故事的一半

看了多明尼卡的介紹，現在如果再回頭讀她的《我獨自走過中國》，相信各位朋友一定會對她的執著有新的了解。

事實上，當初多明尼卡在中亞做研究，還沒到大陸之前，就已經開始記載她的經驗了。我當時是因爲篇幅和出版上的種種考慮，選擇先翻譯她遊記的後半段，所以《我獨自走過中國》是從她離開中亞之後開始的。其實好戲還在前頭呢！

《要走就要夠狠》便是多明尼卡在中亞的故事。從土耳其開始，深入烏茲別克，到傳說中的絲路古城，沿路還有多明尼卡個人的愛情風波！古人說「西出陽關無故人」，相信以下的故事將改變這句話的意思——因爲這本書與《我獨自走過中國》大大不同，呈現了完全陌生的文化和人文的感覺，所以在翻譯上抓住原文的「味道」，是我很大的挑戰。非常感謝各位讀者這兩年來的等待、催促與支持，使這本書終於完成。

現在，就讓我們和多明尼卡一起上路吧！

目錄

伊斯坦堡

【伊斯坦堡】

我是整個車廂裏唯一的女孩子，
又背著有自己體積一半大的背包。
我注意到四周男人的眼神，
每雙眼睛配著一撮粗黑的鬍鬚，
每張臉嚴肅得像石頭。

英雄與土匪出沒的城市

當我對老爸老媽說，打算經土耳其飛塔什干，並在伊斯坦堡待一陣的時候，他們立刻跳了起來，接下來就是無止盡的心戰喊話：「妳，一個金頭髮白皮膚，年輕單身的女孩子，怎麼能一個人去土耳其？妳一定會四處都被男人騷擾，搞不好被綁了，被賣了，怎麼辦？可能從此就無影無蹤了！」

我不能怪他們對土耳其的成見。我是波蘭人，小時候讀的故事裏，常會提到中古時代的土耳其和韃靼人如何侵犯斯拉夫的土地，如何無情地燒殺虜掠。我母親去過伊斯坦堡，所以她說被男人騷擾的事，八成是可信的。

但是，無論如何，我已經下定決心。

「唯一眞正的恐懼，就是自己心裏的恐懼。」我就不信自己去不成！

◉妳給我下車！

我到伊斯坦堡的時候，已經天黑了。一個表情嚴肅，留著一抹黑鬍子的官員看著我哼了一下，砰！在我的護照上重重地蓋了章。

接機室入口圍了十幾個穿著鮮艷民族服裝的人在演奏土耳其民謠。響亮的異國旋律充滿整個大廳。我停下來觀賞了一下，然後微笑著走過。他們的迎接，我覺得是個好兆頭。

四處走了一圈，盡量維持著很了解狀況的樣子，但說實在的，我一時不曉得該去哪裡。老爸老媽的警告還是對我有相當的影響，因爲當我彎著腰，背著重大的背包走出機場時，便很自覺地注意到四周男人的眼神。最後找到了旅客諮詢台，才問到怎麼坐車去Sultanahmet的青年旅社。

根據車站柱子上的地圖，公車只有到半途一個叫 Aksaray 的地方。司機不會說英文，所幸他聽得懂 metro（地鐵），我總算搞清楚在 Aksaray 可以換地鐵到Sultan-ahmet。

巴士沿著一條河行駛，對岸排列著無數座清真寺的圓頂和高塔。過了半個鐘頭，我們突然在一個擁擠的路口停了下來。司機對我揮手喊著：「Metro, metro!」我楞著轉頭看他。

「Metro, metro!」司機嚷著，揮著手叫我下車：「Sultanahmet, metro!」

「請問 metro 站在哪裡？……」我問。他很快地把手往右一指。

◉與我同行

我跳下巴士，背著沉重的背包站在擁擠的人行道上，很不確定地慢慢走，找適當的人問路。我起先覺得問女生應該比較好，但街上簡直沒有女孩子，只有幾個穿著藍綠長袍，裹著頭巾的婦女抓著丈夫的手臂慢半步跟著。四處是一片模糊的男人面孔、男人的襯衫和褲子、男人在抽煙。

這時一個高高瘦瘦的少年出現在我身旁。

「妳好。我剛剛也搭同一班巴士。我也要去Sultanahmet。」他用不是很流利的英語說，並帶我往前走。

「我要找 Yucelt 旅社。」我說。

「OK。就在metro旁邊。」

「你在哪裡學的英文？」我問他。

「學校。」

「你是學生嗎？」

「不。現在工作。在餐館。」

「喔。」

「妳叫什麼名字？」他問。

「Dominika。」

「Do-mi-ni-ka。」

「你呢？」

「Ahmed。」

「Hello, Ahmed。」

我們到了車站。Ahmed去一個小亭子付錢。

「那是車票嗎？」我問。

「不要緊。我已經幫我們兩人買了。」

「不，我自己可以付。」

「不要緊！不要緊！」

我一時不知道該怎麼回答。車子來了，擠滿了人，大概因爲是下班時間。我是整個車廂裏唯一的女孩子，又背著有自己體積一半大的背包。我注意到四周男人的眼神，每雙眼睛配著一撇粗黑的鬍鬚，每張臉嚴肅得像石頭。我眞的不曉得Ahmed在旁邊跟我講英文讓我覺得比較安全，還是更不自在。

「到了，Sultanahmet。」他說。我跟著他擠下車。

「這是我上班的地方。」他指著一個規模不小，有戶外座位的餐館，叫 Vitamin。「我要去上班了。妳的 Yucelt 旅社，在那邊。」他微笑著說：「今晚來吃飯吧！」然後就在人群裏消失了。

◉吃豆腐的文化

旅社果然離車站很近，在一個靜謐的巷子裏，沿著Aya Sofya的古城牆。Aya Sofya 曾經是東正教派的大教堂，後來改爲清眞寺，如今是博物館。它那巨大的外牆和拱門，簡單而有力的線條，高高地立在Sultanahmet，伊斯坦堡最古老的社區之上。這裏的空氣甜甜的、濕濕的，帶著一點地中海的味道。

我跟六個女孩子合住一個房間。其中一個叫 Nikki 的澳洲人，也正在歐亞獨自旅行。她剛從希臘搭巴士到土耳其，有許多在雅典被男人騷擾的故事。聽她講這麼多，我們兩人決定還是一起出去比較好。我跟 Nikki 提到 Ahmed和他打工的餐廳。

「我的旅遊指南裏好像介紹了那家Vitamin。」她說：「可以去試試看啊！」

「妳覺得這樣好嗎？」

「Why not？書上說菜色好像不錯喔！」她對我擠個眼。

我們想先四處走走，探索這個古老社區的小巷弄，但很快便發覺這不是那麼好的主意。因爲每次一拿出地圖，或停下來看看東西，立刻會有好幾個男人在我們身邊出現。

「小姐，妳們從哪裡來？妳好，妳們是英國人嗎？澳洲人嗎？妳叫什麼？」

「妳們怎麼那麼跩呢？爲什麼不跟我聊聊天呢？」

「小姐迷路了嗎？我可以幫妳啊！妳們要去哪裡？」

不管怎麼回答，他們都是甩不開的。唯一的辦法就是不停地走。儘管那樣，差不多每個台階上或門邊還總是有男人會對我們說些挑逗的話。Nikki氣得臉都發白了。

△在伊斯坦堡街上賣東西的婦女。

「這裡跟希臘一樣糟！」她說。「像今天，我在公車上睡著了。醒過來的時候竟然有個混帳傢伙正在摸我的頭！所有的地中海國家好像都是這樣，實在要命！」

「那怎麼辦？」我說：「不然，就乾脆回旅社算了……」

「哼！我才不甘心！」

「就是嘛！走，我們去找這家 Vitamin。」我挽著她的手過街。當男人開始逼進時，我和 Nikki 彼此看了一眼，便開始哈哈大笑。兩個男的站在那裏楞住了，然後竟也一起笑了起來。

到了 Vitamin，我們選了戶外的桌子。我聽著 Nikki 述說她在歐洲的旅遊故事，地中海的暖風輕輕地吹在肩膀上。往點著亮燈的室內看了一眼，正好見到 Ahmed 在餐桌間穿梭著。當我再看一下時，他已經站在廚房門口，隔著一大疊碗盤對著我微笑。

【伊斯坦堡】

祈禱是為了清淨自己的心、
關照自己的靈魂、
尋找絕對的寧靜……

空白的華麗與豐實

「藍清眞寺」是伊斯坦堡最大的回教寺院。據說蘇丹 Ahmed I 當初的計畫是要蓋出回教世界裏最壯觀的建築，甚至勝過 Justinian 皇帝時代建設的 Aya Sofya。沒想到工程完畢了，蘇丹才發覺自己犯了忌諱：他的藍清眞寺有六個尖塔，跟麥加的清眞寺一樣，但照規矩來說，尖塔的數目就代表了那個寺院的地位。當然，連世界上最威武的蘇丹也不敢得罪神聖的麥加啊！於是，Ahmed I 只好給麥加的清眞寺加蓋了第七個尖塔。

◉藍清真寺

第一次見到藍清眞寺，是在晚上。那天我和 Nikki 逛街，正好趾到那裡的燈光表演。主持人深沉的聲音震動著整個廣場，雖然我們聽不懂，但也可以感覺那種歷史性的尊嚴。在背景播放的土耳其音樂中，也攙雜著戰爭的音效。我們一起坐下來，看著那些修長的尖塔和圓頂的弧線，在深藍的夜色中亮起一抹抹的銀、藍、金、和淡紅。

「早知道我一定帶照相機出來！」Nikki靠近說。

「是啊。」我點點頭。但同時我也覺得，一張平面的照片絕對無法捕捉這個動人的場景。

第二天，我們趁著白天又回到那裡，從廣場正面走向入口。六個尖塔像是筆挺的衛兵立在寺院的周圍，中間是一個疊著一個的圓頂，一個比一個龐大。高而窄的大門上鑲著金色的阿拉伯經文和精緻的圖案。進入寺院，信徒們先在裡面庭院的一個水池裏洗腳，再繼續前進到聖堂內。

我想起以前去過的羅馬大教堂，裡面豪華的壁畫、雄壯的大理石柱子、鍍金的神壇上充滿生氣的浮雕，而我現在也帶著一樣虔敬的心來到藍清眞寺的大門前；這個建築的外觀勝過我見過所有的大教堂，我想裡面也一定是無比的壯麗。

△藍色清真寺

◉不動人的動人

我走進去，嚇一跳。聖堂裏居然非常空曠，沒有任何凳子或椅子。地上鋪著一大片地毯，上面是一排排長方形的圖案。那些圖案看起來像是門，門的頂尖朝向麥加。牆壁上漆著藍色的幾何圖形跟阿拉伯文字，巧妙地織成一片抽象作品。幾個男信徒正跪在毯子上祈禱；在後面，隔著一扇木頭屏風，則是女信徒朝拜的地方。

這簡單而低調的處理讓我很訝異，甚至有點失望。這麼神聖的地方，爲什麼沒有聳人心靈、動人情懷的東西？

後來，我想起一句話，是一個回教朋友曾經跟我說的。當我站在這簡單的藍色房間裏，他的聲音似乎又浮到了耳邊：

「祈禱是爲了清淨自己的心、關照自己的靈魂、尋找絕對的寧靜……」

【伊斯坦堡】

這時她先生向我們舉手說準備要照了，
女孩子便把面紗拉了下來。
她的五官很秀氣，
笑起來很甜。
照完了，
她又把面紗戴上。

城市上面的小花園

早上五點，亢奮的禱告聲從旅社對面高塔的擴音器傳來，把我從夢中喚醒了。過了半個小時還睡不著，乾脆起來梳洗，走到陽台上看著伊斯坦堡在霧氣中緩緩甦醒。天還沒全亮，房子的屋頂和牆壁還微染著紫色，空氣甜甜的，很涼爽，也有點要下雨的感覺。

樓下的餐廳還沒開，我便趁這冷清的時間打個電話回家。櫃台的服務員對我咧嘴笑了一下。

◉十萬里拉，一通電話

「Hello！」他說：「妳從哪裡來的？」

「美國。」

「妳不像美國人。」

「我在波蘭出生……」

「啊！波蘭！我認識很多波蘭女孩，以前常來伊斯坦堡。我交過很多波蘭女朋友。Dzien dobry！」（那是波蘭文「早安」的意思）

「不錯嘛！」我說，但沒意思跟他扯淡。「可以在這裡打長途電話嗎？」

「當然！只要十萬里拉。」

我身上有將近一千四百萬土耳其里拉。聽起來好像是很多錢，其實才差不多等於一百塊美金而已。

「比義大利還糟。至少在那兒，十萬塊還算點錢。」一個站在旁邊的客人轉過來對我說。聽他的口音，就知道他是義大利人。小時候，我曾經在義大利住過一年，對那個地方和那裡的人保留著很好的感覺。我立刻用義大利語跟他聊起來。

◉博斯普魯斯海上

他叫Giuseppe，也剛到伊斯坦堡。那天他正準備跟同室的兩個加拿大人坐船去遊博斯普魯斯海峽。我和 Nikki 也正打算去那裡，再想起前一天晚上被當地男人騷擾的經驗，我便建議大家一起走。

上了船，我們都想待在甲板上看風景，但外面下起雨來了，變得又濕又冷。兩岸的風景都罩在一層灰灰的水霧之中。服務生來回端著熱茶和咖啡。Giuseppe 和另外兩個男生受不了，先躲進裡面，我和 Nikki 則留在甲板上欣賞風景，一面看別的乘客。

船上有一群東南亞觀光客。他們全穿著正式的回教服飾，而且男和男、女和女，雖然各自有說有笑，卻彼此離得遠遠的。從小沒離開過澳洲的 Nikki 對他們覺得很好奇。看著那些全身包得密密的，只露出眼睛的女孩子們，她悄悄對我說：「她們好像修女喔！」

團員中只有一對男女在一起散步。那個女孩子走過來，隔著面紗問我們能不能給她照相。

「喔，當然……」我說，但她的男朋友卻拿起相機對著我們。

「不，我要和妳們兩位一起照相。我先生會幫我們照。」她竟然用很標準的英語說。

我和 Nikki 有點訝異地答應了。準備要照之前，我和女孩子聊了一下。他們是馬來人，先生經常出差來土耳其。

「請問妳幾歲？」她問我。

「二十三。」

「我也一樣，二十三歲！」她點著頭說。這時她先生向我們舉手說準備要照了，女孩子便把面紗拉了下來。她的五官很秀氣，笑起來很甜。照完了，她又把面紗戴上。

「謝謝妳們。」她輕輕地說。

「謝謝！」她先生笑著揮個手，便帶著太太走了。我看著他們兩人的背影，不知道爲什麼，對那個女孩子眼睛裏流露的快樂美滿覺得出乎意料。

博斯普魯斯海峽是歐、亞兩洲的分界線。我們到亞洲邊岸下了船，去逛伊斯坦堡的時尚區，Taksim。同一個城市，但那裡的風氣顯然不同。街上有許多女孩子自己在外面，還穿著時髦的西服，而且即使Giuseppe他們沒有一直跟在旁邊，我和Nikki也沒被無聊男子騷擾。

我們探索著迷宮似的小巷子和藏在其中的藝品店；有賣燈的、金飾的、皮件的。我最喜歡的是樂器行；它們櫥窗裏展示的樂器精美又複雜，多半我從來沒見過，更難想像可以發出什麼奇妙的聲音。

◉在人間的角落

繞到岸邊，過個橋，便又回到Sultanahmet了。Giuseppe這時想去參觀附近有名的大市集，便帶著我們穿過岸邊的小市場，經過更多拐彎抹角的街道往裡面走。這時已經有許多店準備打烊了。老闆們站在門口，看到我和 Nikki，便揮著鮮艷的絲巾，想拉最後一筆生意。繼續走著，還沒到大市集，但我們卻逐漸成爲了街上唯一的觀光客，引來許多好奇的眼光。顯然這地方不是旅行團常來的。

沿著一條窄巷子，我們最後進一個沒有人的小廣場。四面圍著古老的樓房，二樓是一圈敞空的走廊，牆上的石膏已經斑駁，露出底下赤裸的紅磚。

我們正欣賞著這綏靜的景象時，有一個老頭子走出來。他穿著寬鬆的長褲，戴著線織的無邊帽，雖然鬍子已經白了，卻還長著濃黑的眉毛和鬍髭。他步伐輕健地走過來，對我們揮個手，指著一個往樓裏面去的小台階。

「他好像要我們跟他走。」Giuseppe說。

老頭子鑽進漆黑的樓梯間。我們跟著，跌跌撞撞地往上摸索，從二樓冒出來。我們沿著長廊，經過一間間藝品工廠。工人正在灰暗的房間裏忙著，有鐵匠聚集在橘黃色的火爐旁，裁縫們正埋頭操作著古老的縫衣機。

「原來在市場看到的藝品，都是這裡製造的！」我心想。

匠工看到我們，起先都吃了一驚，但馬上便和善地笑起來。看我們手上拿著相機，他們便紛紛擺出合照的姿態，或是指著他們認爲我們可能感興趣的東西，要我們全拍下來。

◉一個可愛的老人

老頭子繼續帶我們走，再爬上一組窄窄的台階，裡面旋著風。出來的時候，我們已經站在屋頂上了。屋頂像是一個奇怪的小花園，有許多圓頂和大小不同的煙囪歪來歪去地立在中間，四處還長著小白花跟野草。有些圓頂上有窗戶，想必是通往樓下工作室的。

放眼望去，我看到了伊斯坦堡的另一番面目：磚石的煙囪森林、掛著擴音器的高塔、破舊的深色屋頂，和上面像郵票似的小天窗。再出去則是壯觀的藍清眞寺和

△在Aya Sofya大教堂的壁畫。

△我的新朋友Giuseppe ,他的旅遊伙伴和那位神祕的老頭在土耳其的屋頂上。

Aya Sofia，還可以看到河對面Taksim的那片扭曲的街道。老頭爬上一個圓頂，要我們給他拍照。

「好啊！好啊！我們一起來！」

Giuseppe說著，便跟另一個加拿大人一起跳上去，笑著在屋頂上跟老頭子握手，留下了一個難忘的畫面。

△站在城市上面的小花園中。

烏茲別克

【烏茲別克】

我摸一下額頭，發現頭髮濕濕的，
其實全身都濕透了。
整個庭園是一片刺眼的大太陽，
空氣吸到肺裏都是燙的。
光是張著眼睛就很費力。

我的中亞夢

我的「中亞夢」，是從我一年多前在圖書館借的一本書開始的。那是一位名叫 Elizabeth Bacon 的女學者，在三〇年代去中亞地區做研究之後寫下的回憶錄。我很佩服她的勇氣，也從她的故事中得到鼓勵；我知道，只要我有恆心，也能像她一樣，深入這神秘的地方。

中亞向來給我的感覺，是片荒野的邊疆，一個被世界遺忘了的世界。我的夢想還停留在絲路時代，當遠方各地的商人帶著他們載滿了絲綢和香料的駱駝來到阿姆河兩邊的綠洲城市。在熱鬧的市場旁邊，在舖著藍色瓷磚的清眞寺的影子下，伊斯蘭教的學者和詩人們激烈地討論神、科學和藝術。我無法擺脫這浪漫的幻想，雖然現代的事實早不是那樣，也無法抹去傳說中的色彩。

深夜裏，我醒著。從伊斯坦堡起飛的飛機，再過兩個小時就要抵達塔什干。幾英里的腳下，正是中亞的高山平原。我心裡浪漫的幻想，像一團霧似的消失在窗外黑暗的深淵裏，我的胃緊張地隱隱作痛起來。

不曉得我將如何被當地的人接待，更不知道如何開始我的研究計畫。經過一年的苦學，我的烏茲別克文也終於要受到實質的考驗了。

黑夜裏偶爾出現的亮點，開始變得越來越密集。

◉俄國人？美國人？波蘭人？人？

冷清的機場漆著濁濁的黃色牆壁，四處好像沒什麼工作人員，除了幾位面無表情的關員。除了我，其他的乘客都是烏茲別克人和土耳其人，但因爲我的金頭髮和較白的膚色很像當地的俄國人，大家都自動對我說俄文。如今仍有數千個俄國人住在塔什干，俄文也曾是當地的官方語言。也正因爲我的俄語還算流利，所以得不時提醒自己，如果要好好學會烏茲別克話，就得盡量少說俄語。

我四處張望著找 Salomat。她是一位在波士頓做研究時認識的烏茲別克學者，也是我在塔什干的唯一門路。幾天前跟她通電話時，她說她會來機場接我，但已經清晨三點，其他的乘客都一一跟家人和朋友離開了。外面正在下雨，隨著吹來濕濕的涼風。我站在屋簷下，瞇著眼睛看她是否在外面的停車場。不到幾秒，一群計程車司機就已經把我包圍。

「小姐，妳要去哪裡？要車嗎？」他們用俄文問。

「我……在等朋友。」我結結巴巴地用烏茲別克文回答。他們楞了一下，然後問題更多了。

「妳從哪裡來的？妳會說俄文嗎？妳朋友怎麼還沒來？他們知道妳到了嗎？如果他們不來怎麼辦？」

「我想她會來的。」我只能這麼回答，但心裡也越來越急。如果她再不到的話，整個機場可能就只剩我一個人了。

終於，有輛車停下，一個人笑著向我招手，是她。

「Yaxshimisiz！妳好嗎？」我跑過去，終於鬆了口氣。我們互相問好，然後她指著司機：「這是我哥哥。」

她哥哥從車子裏走出來，哼了一下，把我的背包接過去丟進車廂，又坐回車子。我和Salomat一起坐到後面。

「妳剪頭髮了！」我說：「短髮很適合妳。」

「謝謝。」她笑了笑。「我還不確定自己喜歡這個髮型，但留長頭髮，實在太熱了。」

「今天不算太熱吧！」

「算是很涼快了！這時候有雨是很不尋常的。通常整個夏天都不會下雨呢！」

「大概特別爲我下的！」

「對啊！老天怕妳會覺得塔什干太熱！」

我們兩個哈哈笑了一下。Salomat的哥哥則一聲不吭地開著車。

「我們得商量住宿的事。」Salomat說：「我曾經跟妳提過有一個朋友住在

mahalla。我昨天去跟她談，她說家裏現在太擠了，有十個人在共用一間廁所！我先帶妳去我舅舅家。他們有間空房，妳可以先住住看。」

◉回到史達林時代

Mahalla 是一個傳統式的回教社區。當初要求 Salomat 幫我找地方住時，我覺得住在 mahalla 會比一般的公寓來得有趣。但如今有個地方歇腳，不管在哪裡，我已經很高興了。

Salomat 又說：「在mahalla那間房的月租是三百五，但我舅舅那裡只要一百五。而且他家離市中心很近，很方便。我們現在就快到了。」

深夜的路上沒什麼車。路很寬，像是美國的高速公路，兩邊是大樹，樹後面則是一排排的公寓。高的有十層樓，矮的不過四層，每棟都是同樣的長方形，黑色的窗戶在夜裏顯得很冷清。我原來以爲市中心的街道都應該是窄小擁擠，有許多老房

△烏茲別克老頭和小孩。

子和商店的，但我現在看到的反而像是個新開發的郊外社區。

我們從一大片相連的公寓旁邊轉進去，由一扇柵門進入黑暗的庭園，在一面厚厚的石牆前停下來。

「這些房子都是在一九五〇年代，史達林時代建的。」Salomat說：「蓋得很好，很結實。」

我跟著她穿過庭園，到一扇像倉庫的鐵門。Salomat按下電鈴，過了一會兒，一位個子矮小的中年婦女在門口出現了。

「這位是Shohista-opa。」Salomat說，再介紹我：「這是Dominika。」

那位太太對我勉強地笑了一下，眼皮垂著，大概還沒醒過來吧。我們跟著她，爬著粗糙的水泥台階一直到頂樓。

這裡的公寓結構很特殊。前面是兩間相通的房間，沿著旁邊有一條加蓋了屋頂和窗戶的陽台。而第三間則在樓下，必須從地上的一個洞，爬梯子下去。那將是我的房間，但今晚他們叫我先睡樓上。

Salomat 離開之後，一個頭髮半白的中年男人拿著一張紙走出來。他坐在我旁邊，把紙攤在腿上，用斯拉夫字母寫下：Tohir-aka。

「這個——我。」他很嚴肅地指著自己，嗓子啞啞地說，然後在他名字底下寫：Shohista-opa。

「這個——她。」他指著坐在對面微微笑著，但眼睛已經快閉上了的太太。

「這個——電話——我的公司。」他寫下一串號碼。Shohista-opa這時稍微張開眼睛，慢慢地說：

「Tohir-aka和我明天要去Kokand。我們的女兒Shaxlo在那裡。Shaxlo很活潑，妳會喜歡她的。她禮拜一回來以後，妳就跟她住，我們去住別的地方，聽懂了嗎？」

「Ha, tushundim，聽懂了。」我回答。

Tohir-aka 這時走出去，拿了兩把鑰匙回來。他把鑰匙舉在我面前，皺起眉頭說：

「這個——鑰匙。」再用俄文補充一下：「鑰匙。」他一直看著我，直到我點頭表示聽懂了，然後走到前門，對我比個手勢。我跟過去，看他示範如何開關門。然後他對我點點頭，就帶著太太去另一個房間睡了。

我梳洗後關上燈，睜著眼睛躺在黑暗裏。過了一陣子爬起來，走到陽台上，站在窗前聽著雨滴打著屋簷，聲音是那麼的熟悉，很難相信我已經在塔什干了。

◉煎熬的開始

我被 Salomat 的電話叫醒。Tohir-aka 和 Shohista-opa 都已經出門了。雖然已經是中午，但房間裏很暗，因爲陽台上加蓋的屋頂和牆壁擋住了不少日光。我掛上電話坐起來，頭在發昏。Salomat 說一個小時之內就會過來接我，而且還會帶Erkin先生來和我討論我的研究計畫。

Erkin先生是塔什干國家學院的語言教授。他曾經在美國做過訪問學者，所以有許多語言學界的教授都認識他。我來到塔什干之前，先透過Salomat與他聯絡。他很好心地同意協助我的研究，並答應教我烏茲別克文。

既然我將和他有密切的工作關係，我當然很好奇他是個什麼樣子的人。以我想像，一個在美國大學教過書的外籍學者，應該是英文很好，很有活力，年輕高佻，並對自己的興趣充滿熱誠的人。我很想給他個好印象，但在旅途中忙得連他發表過的研究報告都沒機會看。我趕緊爬起來梳洗。

一站起來，我的頭突然感到一陣劇痛。我趕快抓住椅子平衡自己，全身痠痛得簡直像是要解體的感覺。我摸一下額頭，發現頭髮全濕了，其實全身都濕透了。我走到窗戶前，外面完全看不見一滴雨的痕跡。整個庭園是一片刺眼的大太陽，空氣吸到肺裏都是燙的。光是張著眼睛就很費力。

Salomat很快就要到了，我不得不強迫自己快一點去廁所梳洗。衣服剛穿好，電鈴就響了。

「Dominika，這是Erkin-aka。」

「Assalom aleykum，您好。」我照當地的禮貌低下頭，把右手放在胸前問候，但心裡不禁感嘆：Erkin-aka比我想像中差了好多！

他個子很小，很瘦，一頭白髮像短毛刷似的髭著，還有一雙在烏茲別克人中少見的淺藍色眼睛。他脖子上的皮膚有著舊書似的咖啡色斑點，皺皺地掛在骨頭上。他至少六十歲了，但給我的第一印象更老。拖著腳步，駝著背，說話平平的聲音，都使他更像個疲倦的老人。

我們在房間的桌前坐下。Erkin-aka立刻進入正題。

「我想，我們應該立刻開始語言學習。」他慢慢地用烏茲別克文說：「每禮拜三次，每次一小時，應該可以。」

「好的、好的。」我說。我寧願盡快開始我的研究，原本就不想花太多時間做語言練習。

「那麼，星期一、三、五，早上八點，如何？」他說：「我想這是好時間。」

「好的…」我不想顯得懶惰，雖然早起對我是很困難的事。

「那麼，明天八點就來我家。我們現在可以一起走過去，妳就知道在哪裡了。」他開始站起來。

這時我趕快說：「Erkin-aka，我想與您談一下我的研究計畫。」

「Albatta，當然、當然。」他舉起手，慢慢點著頭。「當然會談。」

「我先跟您解說一下吧…」我用英文，請Salomat幫我翻譯：「我很想知道烏茲別克人如何在當地語言中摻用俄文；我想找不同背景的當地人，包括常說和不常說俄文的人，並觀察他們的日常交談。如果可以的話，我希望您可以幫我介紹一些願意讓我錄音的研究對象。」

Salomat轉向Erkin-aka，開始用俄文解釋：

「她說她想找人聊天，把談話錄下來，看不同的人是怎麼說俄文和烏茲別克文的。」

那不是我的意思，於是我乾脆自己用俄文補充：

「不是我要跟他們聊天，而是我要錄他們彼此聊天。我想錄不同的人，有些常說俄文的，有些不常說俄文的，來看他們如何在烏茲別克話裏摻用俄文單字。」

「所以妳感興趣的…」Erkin-aka慢慢地說：「是兩種語言的比較。」

「不完全這樣。」我很確定他們兩人都沒聽懂，便試著再講一遍。Erkin-aka很快打斷了我的話，好像根本沒在聽。「我懂了、我懂了。」他點著頭說。

「我需要您幫忙計畫，不知道您是否能…」

「Albatta，當然、當然。」他又點點頭。

「…幫我找到可以錄音的對象？」

「Albatta！」Erkin-aka說：「明天妳來上課的時候，我們再談。現在，我先告訴妳怎麼去我家。不遠；走路只要十分鐘。」

我很確定他還是沒有聽懂。

◉這是一輛車

Salomat先在樓下告別了，Erkin-aka便帶我朝他家的方向走。看到路邊有一輛車，他突然停下來，指著車子說：

「這是一輛車。這是一輛紅車。」

我楞住了。

「說：『這是一輛紅車。』」

我照樣重複了一遍。他轉向馬路，手橫著一掃，說：

「這是一條街。這是一條街。街上有很多車。說：『這是一條街。』」

他如此叫我說不同的單字，一直到他家門口。

「這是第一堂課。」他說。

「Erkin-aka，」我說：「我學了一年的烏茲別克文，已經知道很多單字了。現在我最需要的可能是會話方面的練習。」

「Albatta, albatta。」他說，便轉身進門了，然後好像又突然想起什麼，轉過來指著對面的公寓：

「這是一棟房。說：『這是一棟房。』」

回家的路上，我覺得非常疲倦。街上好熱，衣服像保鮮膜似的粘在身上。想到剛才，再想到下面七個禮拜的研究，我的心就緊張得賽跑。最後爲了讓自己冷靜，我乾脆反複背著Erkin-aka沿路教我的單字，雖然我早就學過了。

** 譯者註：

烏茲別克人稱呼長輩時，會在名字後面加上-opa或-aka作為敬詞。opa和aka的意思很像中國社會的「張姐、李哥」，但用法比較籠統；在中國，年級較大的長輩可能升等為「張伯母、李伯父」甚至「張奶奶、李爺爺」，但在烏茲別克，基本上用-opa和-aka都算妥當。

【烏茲別克】

不，妳這樣的話，我會沒面子。
人家會罵我：他是什麼爛東西，
跟女孩子出去竟然讓女孩子付錢？

在風中學習

過了幾天之後，我便開始正式去Erkin-aka 家上課。

我們上課的房間叫做 ayvon 。傳統的 ayvon 是個會客用的露天陽台，但Erkin-aka 住在現代式的公寓裏，所以廚房結合了 ayvon 的功能。他家裏也有一間連著整套碗廚桌椅的西式餐廳，但好像從來沒用過。全家吃飯、看電視、接待客人，都是在ayvon裡。

◉熱天喝熱茶

我盤腿坐在矮桌子旁邊的一塊 kurpacha（毛毯席子）上。Erkin-aka 拿起一把毛巾擦臉，宣布下課了。

「這是一條毛巾。」他在我面前抖了抖，然後伸手幫我倒了杯茶：「Iching，喝吧。」

熱茶一觸到我的嘴唇，我就滿臉冒出汗來。

Erkin-aka的太太Hanifa-opa砰地一聲在我對面坐下。

「熱的時候喝茶最好，喝熱綠茶，最解渴。」她幫我續杯，抬頭一笑，露出兩排零亂的牙齒。

Hanifa-opa很胖，至少是她先生的兩倍，棕色的頭髮綁得緊緊的，但在稀疏的地方露出灰色的髮根。她好像整天都在閒談、批評、叨嘮，沒人聽時也自言自語著。Erkin-aka平常不太回答她，頂多不耐煩地點點頭，哼幾下。

「熱茶會比冰水更解渴嗎？」我問。

「我們不太喝涼水，但有時候喝冰茶，她很喜歡。」Hanifa-opa指著正蹲在牆角玩的小孫女。「但是熱天還是喝熱茶最好。熱綠茶。天氣熱的時候，我喝冰的東西，喝完了還是渴。只有熱茶最解渴。」

Erkin-aka舉起小飯碗般的茶杯，指著上面的藍底白花圖紋：「這叫piyola。上面印的花叫做paxta-gulli，也就是棉花，所以這叫paxta-gulli piyola。妳說一遍。」

「Paxta-gulli piyola。」

「再一遍。」

「Paxta-gulli piyola。」

說實在的，我有點受不了Erkin-aka的教學方式。每天的課基本上就是在重複地背著許多蔬菜水果跟日常物品的名字，沒有任何會話練習。我只好告訴自己，既然在學，就趁機會多吸收點詞彙。

Hanifa-opa 在一盤杏子蜜餞上不停地揮著手趕蒼蠅。廚房裏全是牠們嗡嗡的聲音。三歲的小孫女抓到了一隻，捏在胖胖的小手指間，舉著給婆婆看。

「乖！」Hanifa拍拍孫女的頭，把盤子推到我面前：「Oling，自己拿。」

蜜餞和粘粘的糖漿，用當地的薄麵包沾著吃，很配合綠茶的微苦。

「妳計畫在塔什干待多久？」Hanifa-opa問。

「到八月初吧。」

「然後呢？回美國嗎？」

「不。我打算去阿拉木圖，然後坐火車去中國旅行。」

「坐火車！」Erkin-aka說：「那可要坐很久呢！」

「我想應該蠻有趣的。」我笑笑。

「Albatta，當然，妳走之前，我們幫妳準備些吃的帶到火車上，像是這杏子蜜餞，我會做的。」Hanifa-opa指指盤子。

「哦，謝謝您，我想不用了。」我說：「我大概拿不了。」

「不很多，一小罐，像這樣。」他用手比了比，突然興奮起來，講了很多我可以帶在車上吃的東西，好像明天就要給我送行似的。

◉這是Jahon

這時門鈴響了一下，她過去開門。過了一會兒，一位跟我年紀差不多大的年輕人走進房間來。他有棕色的頭髮和皮膚，很高的顴骨，臉上曬得有點泛紅。他把右手放在胸前，鞠躬問候Erkin-aka。

「Assalom aleykum, yaxshimisiz，您好嗎？」他說，並很快地往我這裡瞄了一下。

「Aleykum assalom。」Erkin-aka回答，轉過來對我說：

「這是Jahonbek。妳可以叫他Jahon。他是醫生。」然後：「這是Dominika。問她『妳從哪裡來的？』」

「妳從哪裡來的？」

「美國。」

「問她，『妳要在烏茲別克多久？』」Erkin-aka好像在上課，故意說得很慢。

Jahon 顯然覺得有點奇怪，但臉上保持得很正經。「妳要在烏茲別克多久？」他問。

如此經過指揮與我「交談」一陣子後，Jahon 拿出一疊影印的簡報交給Erkin-aka。兩人聊了一下，然後當Erkin-aka 專心研究那些簡報時，Jahon 轉過來問我：

「妳今天要做什麼？」

「我今天…怎麼說…要『登記』。」我不知道「登記」怎麼講，所以改用俄文回答。「我得去 OVIR，但我不太清楚在哪裡。」

OVIR 是當地區公所的簡稱。根據政府規定，所有外籍人士必須在到達烏茲別克幾天之內去那裡登記。

「喔。妳現在住哪裡？」

「Navoi 街，離這裡十分鐘。」

「那很方便。本區的 OVIR 就在那裡。我現在正好有空，要不要我陪妳去？」

「哦，謝謝，我想不用了，不好意思多佔用你的時間。」我說。

「我今天反正沒事，不麻煩！」他說：「OVIR 是個很複雜的地方。那裡的人要是刁難妳的話，有我在比較好。」

「我也覺得 Jahon 應該跟妳去。」Erkin-aka 從他的簡報瞄我一眼。「他可以幫妳不少。」

這是個很保守的社會，所以我本來覺得不該跟一個剛認識的男人一起出門，但既然 Erkin-aka 都這麼說，我便答應了。

◉一個舊官僚的社會

到了OVIR，我才發現自己還需要一份房東簽的擔保書，但Shohista-opa 和Tohir-aka都去Kokand 看女兒了，禮拜一才會回來。

「那妳就禮拜一再來註冊吧。」Jahon 說。

「不行。我應該一到就處理這件事的。」

「如果這樣的話…我想到個辦法了！我的鄰居是警察，在我家附近的 OVIR 上班。我可以帶妳去那裡登記，就說妳住在我家好了！」

「不會有問題嗎？」

「我想不會。反正只是個手續而已！」

烏茲別克自從獨立之後，依舊保存了許多當年蘇聯政府的官僚規矩。我想，過期註冊很可能會被刁難，或被敲一大筆罰款，Jahon 的建議應該是對的。

「那間 OVIR 離這裡有一段距離。」他說：「我們得從妳家門口坐公車過去。」

Navoi街，也就是我住的地方，是市中心的大馬路之一。那條街像高速公路一樣寬，中間也有電車軌道，卻沒有任何交通線。車子橫衝直闖，高興怎麼開就怎麼開，連在十字路口也沒有紅綠燈。我們在路邊等了很久，找不到過街的機會，直到 Jahon 突然對我說：

「我看到公車了，來吧！」他說著就衝到馬路上。我跟著他跑出去。一輛車按著喇叭，不但沒慢下來，反而加速，差點撞上我們。

到了對面，Jahon 笑著說：「我猜美國人一定開得更快吧！」

◉棕眼睛、藍眼睛

在公車上，塔什干的種族區別尤其分明。黑頭髮、棕色眼睛的烏茲別克人和白皮膚，藍綠眼睛的俄國人，雖然都是在塔什干土生土長的，但彼此沒有什麼接觸。我和 Jahon 站在車上聊天，自然引來不少眼光。

自從前幾天深夜到達塔什干，我還沒機會去城裡逛。塔什干城市的面積奇大無比，像是一滴水落在中亞平原上，完全以橫面擴散發展，沒有歐洲和美國東部城市那樣密集的高樓。多半的老房子都在 1966 年一場大地震裏毀了，後來蘇聯的重建也完全改變了原先的面貌。如今，塔什干四處都是大馬路、大廣場、和大片灰色的水泥房。公園也都是平平的一片，中間有噴泉、周圍有樹、幾個凳子，偶爾一兩個賣冰淇淋和小吃的攤位。我覺得我在一個超大的度假村裏。

離開市中心一陣子之後，公車進入了 mahalla 老回教區。這裡的景觀豁然不同：木頭和泥土老房和磚頭砌成的新屋沿著蛇行的窄巷子擠在一起，兩邊白色的高牆使每條巷子都看起來像是條彎曲的走廊。走廊裡有通車的柵門，還有小小的藍色鐵門。

這裡的婦女都穿著傳統的服裝——寬鬆的褲子、鮮艷多彩的緞帶、和長襟短袖的上衣，全是用一種當地染製的絲綢做的。她們的頭巾也通常是絲質的，上面染著各種複雜的條紋，還有金線繡邊。Hanifa-opa 也經常如此穿著，雖然城裏的女性還是普遍穿西式的套裝。

在大街和廣場旁邊，剃了光頭的小男孩和小女孩彼此追著玩，在乾燥的地上掀起一團團的灰。從老建築裏走出來一長列戴著小方帽的男人。我問 Jahon 他們在做什麼。

△藍頂清真寺

△去清真寺朝聖的男人們。

「今天是禮拜五。」他回答：「所以他們去清眞寺做Juma，也就是禱告會。」

「他們的太太們不去嗎？」

「女人去別的地方。有專門給女人聚會的地方，但只有男人必須參加禱告會。」

◉先吵一架

在擁擠的公車上搖了一個小時之後，終於到了OVIR，一棟灰色水泥房立在一大片荒草中。我們找到了Jahon的鄰居，被帶著穿過一些陰沉沉的走廊，到一間排滿了辦公桌的房間。那裡有幾位警察，不是很友善地瞪著我們。

從Jahon、他鄰居、和辦公室主管的交談中，我感覺到這項手續將會是一件非常困難的事。主管直抱怨，說已經快中午了，時間來不及，還有一大堆我聽不懂的理由。Jahon和他鄰居站在那裡講了二十幾分鐘，最後主管才答應，不過要我把護照留下來。

「可是我的護照很重要，我不能就把它放在這兒啊！」我說。

主管對我使個臉色。

「這樣子好了。我朋友今晚可以把它拿到我家，我明天再帶給妳。」Jahon 說。

我還是很不願意，但看樣子是沒別的辦法了。

這時 Jahon 的鄰居又和他長官吵了起來，因爲長官說要收我二十五塊的手續費。我先裝傻不吭聲。最後，我留下護照，沒付手續費，和 Jahon 離開了 OVIR。

「我覺得人總是需要跟很多人交朋友。」Jahon 說：「因爲不知道什麼時候會需要人家幫忙。」

我們慢慢地走回車站。我的衣服已經濕透了，腿也累得不聽使喚。爲了配合當地的保守風氣，我帶去塔什干的衣服都是長裙和長袖襯衫。現在我的裙子粘在大腿上，走路更不方便。中午的氣溫似乎每分鐘都在上升；街上吹來的灰塵是燙的，車子上反射的陽光熱得像鎔鐵。

「妳好像快不行了。」Jahon 說：「累嗎？」

◉妳全趕上了！

「不…只是熱死了。」我抖著領口。

他笑了。「在這裡的夏天，有一段時間叫 chilla。那是一年最熱的時候，有四十天長。這時候大家都不想做事，連婚禮都少。再過一個禮拜，chilla 就要開始了。今天還沒那麼熱，好戲還在後頭呢！」

「你說這 chilla 有多長？」

「四十天。六月二十五到八月五號。」

「眞巧。我差不多八月五號走。熱天全給我趕上了。」

「哦，妳眞應該春天來的。」

「我覺得我的眼皮都要粘在一起了。你怎麼都不流汗？你不熱嗎？」

「還好。」他笑著說：「可是我肚子餓了。妳要不要吃飯？」

提到吃飯，我才想起除了早上的蜜餞之外，我整天還沒吃東西。想到能找個陰涼的地方坐下來，我就比較有精神了。

我們在市中心下車。這裡是一片大廣場，曾經叫「列寧廣場」但如今改名爲「獨立廣場」。雖然四周有樹和噴泉，但這一大片空曠的水泥地顯然不是給人散步用的。中午的太陽使整個廣場變成一個大煎盤；我一直翻著頭髮，覺得頭頂快著火了。

我跟著 Jahon 過街，靠著噴泉偷點涼風。遠處有幾個方方正正的政府建築，後面可以隱約地看到一些山的輪廓。

「那是什麼山？」我問。

「Chatkal，或是 Charvak，我不太清楚，離塔什干不遠。」

「你去過嗎？」

「去過啊，跟朋友們一起。」

「可以爬上去嗎？」

「當然。怎麼？妳想去嗎？」

「嗯。我最愛爬山了！」我說。

「那我們應該找個時間去。我叫幾個朋友一起來。」

聽他這麼說，我很興奮。我一定要去爬山。

◉火爐裡的春天

在獨立廣場的對面，隔著一條大馬路，是一排摩登商店跟速食餐館。這不是塔什干唯一的購物中心，不過是人最多的，尤其在下午跟周末的時候。沿著這排商店是一個小公園，公園中間也有一條熱鬧的巷子，叫做Skver。Skver的一邊有攤位賣著冰淇淋、音樂卡帶跟香煙，也有當地的畫家展示他們的作品；另一邊則是一排帳棚，外面站著小販在大鍋子裏煮著當地的 palov 炒飯。一大盤香噴噴的palov只要七十 sum，差不多十五塊台幣。別的地方也在賣 shashlyk：用碎肉、洋蔥和其他蔬菜做的串烤。

我們選了一家坐下，把椅子轉過來看街景。在炎熱乾枯的塔什干中心，Skver這一小窪生動的色彩像是沙漠裏的綠洲。這裡的大樹是主題，濃密的綠葉投射著巧妙的圖案在地面上。一束束的陽光點亮了火爐裏冒出來的油煙，攀旋著爬上樹梢。每過一陣子便會有人拿一大桶水灑在乾旱的土地上，防止地面過於乾燥而揚起塵土。

Jahon 帶了兩碗 palov 和一壺茶回來。

「這一共多少？」我拿出錢包。

他很驚訝地看了我一眼，說不用了。「好吧！下次輪我請。」我心想，開始幫他倒茶。他拿起他的 piyola 茶杯，把茶倒回壺裏，再倒出來又倒回去，並很神秘地問：「妳知道這是爲什麼嗎？」

「茶太燙？」

「不是。這樣使茶葉在壺裏攪動，可以泡得比較均勻。」

「喔。我還想那可能是什麼神秘的儀式呢！」

「那麼下次我想個比較有意思的答案好了！」他笑著說。

我問他知不知道哪裡可以收發e-mail。

「妳家對面就有一間 e-mail 電腦中心，」他說：「我幾乎每天都去，給我在美國的朋友寫信。」

「美國人？」

「不是。我這個朋友是烏茲別克人。他以前跟我一起學醫。我今天不是拿了一疊影印剪報給Erkin-aka看嗎？那些都是關於我這位朋友的。他現在正在美國接受治療。」

「他怎麼了？」

「唉！去年，我們一群醫學院的學生合起來辦了一個生日party。我們那一班的同學互相都處得很好，連現在畢業了都還每個月聚在一起聊天。那天party的時候，大家點著沖天炮玩，結果有一支飛起來的時候，打到我朋友Axror的臉上，而且竟然粘在他臉上繼續燃燒，一下子就燒掉了他的舌頭、上唇、跟整個口腔。他的臉一半全毀了。

◉毀了臉的人

他在醫院待了很久。雖然我們當地有不少傑出的醫生，但這裡的科技還是不足。然後，有一個住在這裡的美國人，Jim，和他的一個朋友用攝影機拍下Axror，開始聯絡美國各地的醫院。過了很久，終於有一個在西雅圖的醫生答應治療他。Jim 和他朋友竟然繼續在美國又幫 Axror 募到了三十萬美金付手術費。

現在 Axror 在西雅圖，我便每天跟他通信。有時候，他會寫一兩句我看不懂的英文。我想用英文給他寫信，所以我現在開始學，只是我覺得很難…也許妳可以教我一點？」

聽了這個故事，我眞的不曉得該說什麼。「他現在還好嗎？」我最後問。

「他正在等著動手術。醫生一直挪後日期，因爲他出事之後無法吃東西，身體太弱了，醫生要先讓他的健康狀況穩定下來才能進行。他現在住在一個美國人家裏，整天戴著口罩，可是他還是很有精神、很開朗。他說，醫生們都對這手術抱著很大的希望，最難重建的地方將是嘴唇。他想回到塔什干念完醫學院，以後還可以幫助別人。他常常這麼寫，我也對他保持最大的信心。」

我們沉默了一會兒。關於教 Jahon 英文的事，我當然是答應了。

「我已經有課本了，妳看。」他拿出一本俄國出版的教課書。「我隨身都帶著它，在公車上、甚至醫院裏不忙的時候，有機會就拿出來翻一翻。」

那英文課本顯然已經很過時了，裡面的習題也都是老掉牙的，但我不好意思掃他的興，便答應從這本書開始。吃完了飯，我們坐在外面，一直聊到天黑、小販開始收工了。

「要不要換個地方，吃點冰淇淋？」Jahon說。

◉怎能女孩子付錢？

「好主意！」

傍晚的氣候比較溫和了，但還是很熱。我們走到烏茲別克大飯店。這是塔什干最高的建築之一，但外表跟其他蘇聯時代的樓房一樣的不起眼。旅館前面的噴泉倒是很漂亮，高高的水柱在深藍的傍晚中亮起各種鮮艷的顏色。

「妳要什麼口味?」Jahon看著冰櫃問。我們各選了一種,Jahon 又掏出錢包。

「不行,」我立刻說:「這個我付,ok?」

Jahon 跟我吵了很久,但最後拗不過我的堅持。他很不好意思地看著我把錢交給店員。

我們坐下來之後,他說:

「妳這麼堅持要付錢,實在是很爲難我!」

「可是我也不能老是讓你請我啊!那樣反而會爲難我的!」

他搖搖頭。「不,妳這樣的話,我會沒面子。人家會想:他是什麼爛東西,跟女孩子出去竟然讓女孩子付錢?」

我試著以我的西方觀點解釋說,我絕不會讓男孩子給我買東西,除非我也有回報的機會。Jahon 聽了,點點頭:

「這樣吧!在這裡我付。改天我去美國,就都輪妳付,怎樣?」

過了好久，我才發覺他在開玩笑，裝作一副正經八百的樣子，最後我們兩人都笑了。吃完冰淇淋，我讓他陪我走回家，雖然天還沒那麼晚。

【烏茲別克】

我不認為自己一生的目的是為了做男人的陪伴。
我也不覺得自己一個人的時候，
有任何『不完整』的地方。

男人在女人之上？

自從我跟Jahon講我的研究題材之後，他便很熱心地幫我找人來做我的研究對象。尤其在傳統的mahalla社區裏，不靠他的介紹，我真沒辦法認識那裡的居民。也爲了報答他的好心，我盡量找時間教他英文，但多半的時候，我們聊一聊便改用俄文，因爲我的烏茲別克文不是很流利，而俄文對Jahon可比英文輕鬆多了。後來，我們只有在別人面前才會彼此說烏茲別克文，而突然從平常流利的交談變得結結巴巴，什麼東西都得聽三遍才懂，是個很奇怪的感覺。

◉巧克力！巧克力！

有一天，Jahon安排我去他工作的醫院見他同事。去之前，Erkin-aka說我們當天晚上會去Jahon家做客。Jahon整天沒提這件事，直到送我回家時，露出一副神秘兮兮的樣子，說：

「我該說再見的，但我似乎覺得今天還會再見到妳。」

「當然，我不是等會兒要來你家的嗎？」

「唉呀！」他搖頭笑著說：「我就知道 Erkin-aka 和Hanifa-opa會說漏嘴的。我叫他們不要跟妳說今晚要去哪裡的。這樣當我說『我覺得今天我們還是會見面』的時候，妳就會說『不，我今晚要跟Erkin-aka他們出去』，然後我就會說：『好吧，但我的直覺永遠不會錯。』妳到我家的時候，就會覺得很奇妙了！」

「噢，沒照你的計畫，不好意思了！」我笑著說。

「開玩笑啦！我真是很喜歡 Erkin-aka和 Hanifa-opa他們，他們是我爸媽的好朋友，但有些時候…他們有點不入狀況，很難跟他們講事情，妳知道嗎？」

我完全了解 Jahon 的意思，笑著點點頭，便先說再見了。

Jahon 家在一個傳統的mahalla社區裏，所以去之前，我特別又套了件樸素的長袖上衣。照烏茲別克的習俗，拜訪人家時總應該帶點東西，價值不是很重要，但多少算是禮貌。我從行李中找出一盒在伊斯坦堡機場免稅店買的巧克力，先帶去Erkin

-aka家，從那裡跟他們一起坐公車出發。

Hanifa-opa 在她稀疏的睫毛底下塗著粗黑的眼線。她見到我時，不停地誇讚著我口紅的顏色。去搭公車的路上，我們先繞到附近的小公園。Hanifa-opa 跟那裡的小販買了十個剛出爐、還燙手的麵包，放進一個大布袋裏。

「帶這麵包去送他們，應該是不錯的。」她對我說：「還有這個——」她拿出一塊精緻的布料。「這是要給 Jahon 的母親的，她是我很好的朋友。」

我點點頭。Hanifa-opa 指著我手上的小袋子。

「妳帶了什麼呢？」她挑起眉毛。我拿出巧克力。

「喔，這很不錯的！」她說，接著便露出沒牙的笑容。「妳有沒有多的給我？我也喜歡吃甜的，妳知道。我最愛吃巧克力了！」

這讓我有點尷尬。第一次去Erkin-aka家的時候，我帶了一罐Earl Grey（灰伯爵）茶送給 Hanifa-opa 。烏茲別克有各式各樣的茶，但買不到Earl Grey，也因此是很珍

△在街上賣麵包。

△坐在庭院裏的矮桌上用餐。

貴的禮物。我當然不會介意送她巧克力，但我也不知道該如何應付這麼「直爽」的要求。當時我便裝作沒事，隨口回答說：

「我自己一點也不喜歡巧克力，從小就對它毫無興趣，奇怪吧？」

「真的？那妳有多的話，就可以送我啊！妳還有嗎？」

「不好意思，我沒有這種的了。」

「不一定要這種，別的也可以。如果都沒有，也無所謂。」Hanifa-opa 笑得很甜。過了一會兒，她又說：

「我也喜歡化妝品。口紅…還有擦在這裏的。」她揉揉眼角。「還有擦臉頰的——妳會化妝吧？」

「有時候會。」

「那妳有口紅吧？胭脂？」

「有一點。」

「有多的給我好嗎?有沒有口紅?」她靠近了問,說悄悄話似的。

「我只有一支…」我說。

「也好嘛,可以帶來啊!」

●一個女孩的心願

她絕不可能是要我用過的口紅吧!我想,乾脆答應叫我母親寄些新的給我。寄東西到烏茲別克常需要好幾個月的時間,有時根本寄不到。不過,今天的情況也不像當年在蘇聯統治之下的日子了,許多外國產品盡管貴,總也買得到。Hanifa-opa似乎對我的回答還滿意,點著頭連說了幾次「mayli,好吧」便不再提了。她只叫我不要跟Erkin-aka提這件事,因爲他會不高興。我答應她我會保密的。

Erkin-aka已經在車站等著我們。公車很快就來了。當車子慢下來打開門時,我站到旁邊等其他乘客先下車。Erkin-aka卻一把拖著我的手肘,把我推向正在下車的人群，不停地催促著「Yuring，走！」好像怕我不知道上車似的。

我不禁覺得Erkin-aka和Hanifa-opa有些古怪的個性，使我們平時親切的交往中又有點不是那麼自在的地方。

Jahon住的mahalla社區很眼熟，一定是他帶我去註冊時曾經坐車經過吧。下車時，Erkin-aka又急著抓住我的手肘說「Yuring！」

我們走進狹窄的街道。兩邊是沒有窗戶的白色高牆，每二十多尺有一道藍色的閘門，通往一戶戶人家的hovli（庭院）。烏茲別克人很重視家裏的庭院，因此許多人寧可留在沒有室內廁所的mahalla舊房子裏，也不要搬進城裏住公寓。在夏天，hovli是吃飯和招呼客人的地方。有些房子甚至有個分開的廚房直接通著庭院。以這種安排，客人可以完全不用進家裏。

Jahon的母親在門口迎接我們，然後見面的儀式便開始了。她把右手放在胸前，向每人微微彎下頭，帶著很明朗的笑容問：

「Yaxshimisiz？你好嗎？你的身體好嗎？你一路的旅程好嗎？你累不累？」

她不是要我們回答這些問題，除了說「Ha, rahmat，很好，謝謝您」。接著我們便分別回問同樣的問題，而她則以更開心的笑容照樣回答我們。我把巧克力給她，她一直不停地感謝我。Hanifa-opa 這時也把麵包和布料給她。我們走進去時，見到 Jahon 和他祖母、父親、和兩個哥哥，對每個人又再重複一次見面禮。

◉一個中亞傳統的派對

Jahon 的父親請我們在庭院裏坐。在當地，每個庭院裏都有個方形的木頭平台，差不多是張 king size 床的大小。台子有兩尺高，四周圍著木頭或金屬做的欄杆，中間則是一張矮桌子。大家圍著桌子坐在毛毯席子上。

我們一起脫下鞋子、爬上平台。桌上已經擺滿了各種水果、甜點、堅果和其他的點心。不久之後，我帶來的巧克力也排在一個大瓷盤上端出來。Jahon 的母親跟我們坐下，幫我們倒茶，並拿起一個麵包，撕下兩三小塊放在每個人的茶杯旁。寒暄了幾分鐘後，她拿起一碗看起來像是灑了糖粉的杏仁。

「吃過嗎？」她問我。

「這是什麼？」

「杏子。」Hanifa-opa 說它們是杏果的核灑在上面的白粉是麵粉。吃的時候，得把核敲開。

「這樣。」她說，把殼剝開遞給我。「吃裡面的東西，試試看。」我嚐了一口，味道還不錯。Jahon 的母親開心地笑了，露出兩排閃亮的金牙。我懷疑那是否是牙套，因爲它們那麼整齊的連在一起，還是說她的眞牙全都掉光了？我也看過很多當地的婦女，甚至不到二十歲的年輕女孩子，都有同樣滿口的金牙。

當長輩和男人都坐齊了之後，一碟接著一碟的正餐便出現了：肉和蔬菜湯、餃子類的點心、沙拉和糕點。所有的菜都是 Nargiza（Jahon 的嫂嫂）端出來的。她是家裏唯一的媳婦，也因此所有的家事都落在她身上。我看她挺著大肚子，不停地從廚房到餐桌到廚房。她的年紀絕對跟我差不多，而我也對她很好奇。不曉得她臉上那平淡，帶著一絲微笑的表情象徵著滿足，安祥，或是一種超然？她整晚煮飯、端菜、收拾打掃時，那表情從來沒變。我實在很想找她聊天，但她只坐下來兩次和我們吃點東西，也都沒說什麼。

桌上的東西多到盤子都得疊起來放了。隨著這麼豐盛的晚宴也來了上百隻蒼蠅，在座的太太們都拿起餐巾來揮個不停。

Jahon 的妹妹 Adiba 是桌上年級最小的。她今年十八歲，在師範大學受訓，準備畢業當生物老師。她母親說她從小就跟著四個大哥哥，簡直像男生一樣。那天晚上只有她幫 Nargiza 做家事。她很喜歡跟我聊天，問我很多問題。當我說我打算離開烏茲別克後去中國大陸和台灣時，她的眼睛睜大了，像個小女孩第一次看到彩虹的樣子。

「妳知道Erkin-aka的大兒子去過中國？」她說：「他會說中文，在北京也住過一陣子。」

「我知道。我跟他聊過，我也想去北京。」

「從塔什干到北京的機票一定很貴吧！」她說。

「這我就不清楚了。我打算坐巴士和火車，經過哈薩克到那裡。」

「眞的？……妳一個人嗎？」她說，好像既擔心又有點羨慕。

◉他喜歡金髮美女

那時，Nargiza的先生抱著他們剛滿十八個月的小兒子Olim走出來，立刻成爲整桌的焦點。大家輪流抱著Olim，一面餵他一面防止他打翻桌上的東西。他似乎對我最感興趣，一直伸出小手抓著我的頭髮。

「他喜歡金髮美女。」Jahon說。大家都笑了。

「Jahon教他用英文說 hello！」Jahon的母親說：「Olim！說hello！Olim！Hello！He-llo！」

小男孩看著他的祖母，猶豫了一下，好像不好意思似的，然後小聲地放出個「hello」，立刻換來大家的掌聲。之後，他便一直「hello」個不停了。

天黑了，蚊子代替了蒼蠅，現在連在座的男人也忙碌地揮著手巾。桌上的東西還是疊得高高的。我肚子已經撐得難以呼吸了，大家還是不停地把盤子推過來：

「Oling, oling！多吃一點！」大家說，連Erkin-aka都像個鬧鐘一樣oling, oling的慫恿我。看他們那麼好客，我只好勉強自己繼續吃，雖然早就難以下嚥了。後來，在當地住了一陣子之後，我才知道「oling吃」跟「iching，喝」是烏茲別克人吃飯時總是會說的，連在餐館裏也一樣。主人一定會對客人這麼說，但客人可以笑著說「謝謝」就好了。Jahon也不停地幫我倒茶。有好幾次，我正拿起杯子要喝的時候，他也正好拿茶壺過來，茶便不小心倒在我手上。雖然已經不燙了，Jahon還是不停地道歉。

◉客人的茶杯永遠不空

「在烏茲別克我們說，客人的茶杯永遠是滿的。」Jahon說：「如果我只等到妳的杯子空了才倒的話，會顯得我小氣。」

Jahon那天晚上沒有跟我說太多話。他坐在桌子對面，多半跟他父親和Erkin-aka聊天，但也似乎一直注意我，看到我要什麼，還沒開口之前便立刻遞過來。在所有的談天和笑聲之中，他有時候看著我的表情，好像與我共享著朋友之間的笑話，讓我覺得很親切。

到了告別的時候，我們又互相舉行了一次那複雜的儀式，只是這次大家彼此說的是「保持健康平安」和「祝你旅途安全」。Jahon的母親歡迎我隨時再來，而我也打算下次自己一個人早一點過去，說不定可以多跟Nargiza聊聊。

一個禮拜之後，我問 Jahon 是否可以去他們家做我的研究錄音。他得在醫院加班，便把地址跟我講清楚，我自己就坐公車去了，帶著錄音機和一罐 Earl Grey 茶葉。

Jahon 的母親很高興地收下我送的茶，立刻煮了一壺給大家喝。男人都還沒下班，Adiba也還沒下課，只有Jahon的母親、Nargiza和Olim在家。我很高興有機會只跟家中的兩位婦女聊天。她們也不介意我錄音，雖然我放在桌上的麥克風很快又被大盤小盤的點心包圍了。

Jahon 的母親坐在我旁邊，慢慢地敘述她當小學老師的工作。這是我第一次仔細地觀察她。她有一張和藹可親的臉，那閃著金牙的笑容也是非常誠懇的。她眼睛旁邊的皺紋似乎全是笑出來的。

Nargiza端上盤子之後，居然也和我們一起坐下。她頭上綁了一塊小頭巾，一身穿著傳統的服裝，除了腳上套著當地很流行的塑膠拖鞋。她今年二十四歲，沒上過大學，高中畢業後做了一陣子裁縫，但結婚之後便停了工作，搬進婆家。她很自在地聊著，一面吃桌上的點心；上次見到的淡然表情也完全被有說有笑的面貌所代替。

到了傍晚，其他的家人一一回來了。首先是Jahon和他哥哥們，與我們一起坐下來吃晚飯。一個多鐘頭之後，Jahon的父親也回來了，穿著一身灰色的工作服和黑色帶白色繡花的傳統瓜皮帽。大家立刻都站起來迎接他，連Jahon的母親也低著頭用很正式的字語向他問安。他洗了手之後，過來和我們一起坐下。那時Nargiza又換上了那無喜無憂的淡然表情，起身走進廚房。

◉沒有名字的墓碑

我待到天黑了才告辭，Jahon陪我走到車站。在路上，我們碰見幾個年輕男孩子。他們對Jahon不曉得說了什麼，讓他突然顯得很不好意思。

「怎麼了？」我問。

「他們是我朋友，只是在扯我後腿。他們說：『Jahon啊，怎麼沒請我們吃喜酒啊？』」

我們在車站坐下來聊天。晚上的街道很謐靜，空氣也比較涼爽。

「好像已經等了很久了。」我說。

「誤點吧。晚上這時候都很難說。」

「如果沒公車怎麼辦？」

「也可以搭電車，但就得先走差不多十分鐘的路。」

「十分鐘還好嘛，我們走吧！我正想散散步。」

我們走在空空的街道中。Jahon 指著左手邊山坡上一些黑黑的影子，說：

「那是一片墳墓。妳知道這裡的墓碑爲什麼都不刻名字嗎？」

「爲什麼？」

「名字是不必要的，因爲有神的地方，就不需要強調『人』。妳知道，在回教的聖地，是不能呈現任何動物或植物的形象的。」

「但連名字都不能刻在墓碑上？」

「我們沒有必要知道這些人是誰；上帝知道就好了。」

「但是，」我說：「我去過塔什干郊區的 Zangi Ota 寺，那裡的墓碑不但有死者的名字，有的還有他們的照片貼在上面呢！」

「眞的嗎？那實在很奇怪。無論如何，那麼做是不對的，可能現在有些人觀念比較開放吧！」

我想了一會兒。「你信教嗎？」我問他。

「當然。我是回教徒。」

◉男人在女人之上

「你自己的信仰很強嗎？」

「是的。」他很正經地看著我。

「那麼，」我問：「你能不能解釋一下回教對男女關係的看法？」

我怕他會覺得這問題很尷尬，但他毫無猶豫地回答：

「男人在女人之上。這是我相信的。」

這答案讓我一時楞住了。在美國，我從來沒聽過人那麼堅定又直接地敘說這種看法。

「可是你如何證明呢？」我問。

「妳知道在可蘭經之前，就已經有基督教的聖經了，我們回教徒也接受聖經。聖經裏說，上帝用亞當的一根肋骨做出了夏娃。這表示女人是爲男人而造的，爲了做男人的伴侶，但男人始終是世界上的第一個人。」

Jahon 慢條斯理地解說，好像大人對小孩解釋生活的基本大道理似的。我在想，難道他在此時此刻，也把我當個次等的女人在看待嗎？

「你不覺得，」我又問：「男女既然是從同一塊骨肉出來的，他們也可以算是平等嗎？」

Jahon 想了很久。「我從來沒有這麼想過。」他最後說。

「那你覺得我呢？」我繼續：「我不認爲自己一生的目的是爲了做男人的陪伴。我也不覺得自己一個人的時候，有任何『不完整』的地方。」

Jahon有點輕嘲地對我笑了一下。

「當妳年歲大了，看法也會改變。」他說：「況且事情也不是那麼單純的，不是嗎？就像我現在可以很開朗地跟妳聊這些話題，我覺得男女在很多方面也可以是平等的。」

不曉得他是否曾經跟當地的女孩子討論過這問題，但講著講著，已經到電車站了。遠處可以聽到有車往這個方向來。

「對了，」Jahon 突然說：「我得告訴妳，不要每次來我們家的時候都帶禮物，像妳今天帶那罐茶一樣。如果妳每次都帶東西來，就表示妳只是個客人，不把我們當眞朋友。妳知道我們是隨時都歡迎妳的，妳就不要見外吧！」

「好吧！」我對他笑了一下，走進空空的車廂。當電車離開車站時，我回頭發現Jahon還站在軌道旁邊，往我的方向看著。

【烏茲別克】

自從來到烏茲別克，
我就沒辦法在外面享有自己的寧靜。
只要是年輕女子，
在這裡就沒有單身在外的自由。

另一個世界

剛到烏茲別克的那段時間，每天適應著陌生的環境、炎熱的氣候、和生疏的語言，也使我很渴望能跟別的美國人接觸。於是，我打電話給一個朋友，Steve。他暑假正在美國大使館實習。雖然我和他不算很熟，但一樣是異鄉客，彼此聯絡上都很高興。我們約當晚在獨立廣場的地鐵站碰面，去 Skver 街吃飯。

◉俄國學校的學生

我到那裡的時候還沒見到他，便先在附近坐下來等。這裡有家餐廳，正在辦一個高中的畢業 party。當地的高中生聚會，通常白天在冰淇淋店和速食餐廳這種地方舉辦。學生們都穿得很正式：男生打領帶、女生穿著蓬蓬的、很像婚紗的白色多層長裙。我坐在街對面的一個噴泉旁邊，看著他們活潑又青澀的社交。

餐廳裏放著很大聲的歐洲和中東電子舞曲。有一群學生正在外面的小花園裏，圍成一個圈子跳舞。這讓我想起有一次，跟我的室友 Shahlo（她是房東的女兒）在外面散步的時候，在公園裏看到一個類似的聚會。從小就上俄文學校的Shahlo很不以爲然地說：

「俄國學校的學生跟烏茲別克學校的學生，就是不一樣。俄國學校的學生比較有教養，穿著也比較優雅，而且絕對不會像這樣在外面隨便跳舞的。一樣是烏茲別克人，就是有說不上來的差別。他們在公園裏這個樣子好…ㄙㄨㄥˊ！」

現在想想，十九歲的Shahlo也才不久之前從高中畢業。不曉得她參加的party是什麼樣的？年輕人不就是年輕人嗎？不過在天天與她接觸的日常生活中，我倒是很明顯地見到她總是在現代與傳統之間尋求平衡，一方面愛穿西式的洋裝，大學畢業之後也打算要找工作，但另一方面還是指望家裡爲她相親，而且絕對不敢一個人待在家裡。她現在能不跟父母住，是因爲有我在。我起初認爲她父母會怕我帶來西方敗壞的影響，所幸我能教她英文，又似乎提升了我的身價…

我正沉浸在自己的思路中，這時一個年輕的烏茲別克男人突然在我旁邊坐下。

△我和當地的朋友Moxira。

「小姐一個人嗎？」他用俄文問。

「我在等人。」我用烏茲別克文回答。

「那我可以陪妳一起等嗎？」

「我不是俄國人，你不用說俄文。」

「那妳是哪裡人？」他改用烏茲別克話問。

「美國。」

「眞的！？妳來這裡幹嘛？」

「學語文。」我冷冷地說，希望他不要再纏我了。

◉妳的丈夫呢？

不是我個性不好，但自從來到烏茲別克，我就沒辦法在外面享有自己的寧靜。一個人在公園裏看書，就等於是邀請所有周圍的男子過來聊天。這不是因爲他們看得出我是外國人而覺得新鮮；其實我長得很像當地的俄國人，但總而言之，只要是年輕女子，在這裡就沒有單身在外的自由。

「妳住哪裡？」他還是不放棄。

「我記不起來了。」

「不記得？沒關係，我們明天還是可以在這裡碰面，我帶妳四處參觀，怎樣？明天有空嗎？」

「沒有！」

「爲什麼？」

「我要回美國了。」

「這麼快就要回去？」

「…」

「妳結婚了嗎？」他又問。

「是的。」我趕快回答。

「那妳怎麼自己坐在這兒?妳先生呢?」

我本來想說「我正在等我先生!」,但想了想還是說不出口,於是很懊惱地回答:

「我自己坐在這兒高興!」

「妳不要人陪嗎?」

「不要!」

「爲什麼不要?」

「不要就是不要!」

他很疑惑地看著我,還是有點不甘心。但他繼續再問下去時,我就一律裝作沒聽見。最後他終於知趣地走了。

◉另一個世界、另一種心情

Steve這時才從地鐵站出現，一副著急的樣子。他遲到快一個鐘頭了。

「你怎麼了？」我跑過去，有點氣。但突然聽到自己說英文的聲音，心裡覺得很痛快。

「第一次來這裡，走錯地方了！」他擦著汗說。

「開玩笑，你從沒來過？」我說：「這是塔什干市區中心ㄟ！」

「我沒來過。」

於是我開始帶路，走向Skver街。

「那你最近都去哪裡呢？」我問。既然Steve比我早兩個禮拜抵達塔什干，我認為他應該已經把好玩的地方都摸熟了。

「天天上班啊！放假就跟大使館的同事混。」

「每天坐地鐵，一定很累吧！」

「其實交通不是問題，我們有專車接送的。地鐵我只坐過一兩次而已。」

「一兩次？」我有點驚訝。原本以爲Steve是個很會自己四處亂串的人。「那你跟同事出去玩呢？」

「通常出去，都是到外交官員家開party，所以還是有轎車接送，這樣比較安全。」他說：「對了，不是快到美國國慶了嗎？大使館一定有節目，到時候我們可以一起去。」

「好啊！但你得接我就是了。」

「沒問題！」他說，然後突然頑皮地嘻嘻笑起來。「我跟妳說，有時候大使館同事自己開車，那才好玩呢！因爲他們有特別的車牌，警察管不到，所以可以隨心所欲地開。這裡的路又那麼寬，眞是可以毛起來給他飆！」

我們到了Skver街，選了一家餐館坐下。我點了些palov和一壺熱茶。Steve看我反複地把茶倒進 piyola 杯又倒回茶壺。

「你在幹嘛？」

「讓茶水泡得比較均勻。」我說：「我在這裡學會的。」

「喔。」他喝了口，覺得太燙了，便跑出去買汽水。

「對了，我差點忘了告訴妳，」他回來時說：「上禮拜我跟朋友去附近爬山，很棒呢！」

「眞的啊！」我擋不住心裡的羨慕。我最愛爬山，也盯著這裡的山盤算很久了。

「我想妳會喜歡的。我們的領隊很厲害，好像在這裡是小有名氣的。大使館的人給他打了個電話，就一切都安排好了，我們什麼都不用管。」

「你們不是又坐專車去的吧！」我開玩笑。

「當然是坐專車啊！多方便！」他竟然說，吸著他的可樂。

◉神父的不屑

那個禮拜天，我去找 Hanifa-opa 曾經跟我提過的波蘭教會。聽說塔什干有不少波蘭人，多半是史達林時代被放逐過來的。我很想看看這些與我曾有共同背景的波僑。

到那裡時，已經錯過了十點的波蘭文彌撒，但中午的俄文彌撒正在進行，我便留下來。主持彌撒的神父是一位波蘭籍修道士，幾年前被總會派來塔什干。雖然多半的俄國人都屬於東正教派，但塔什干也有不少天主教徒，其中就包括了那些兩三代前來到這裡的波蘭人。除了宗教信仰以外，這些波蘭人的子孫如今已經完全俄化了。

彌撒結束後，有些會友留下來跟神父喝茶聊天，我也過去自我介紹。他聽說我是美國人，便問我在這裡做什麼。

「我在研究烏茲別克語文。」我回答。

神父竟露出很不屑的表情。

「有什麼問題嗎？」我問。

「唉，算了！」他說。

「神父，如果您有什麼意見的話，我很想聽一聽。」

沒想到他這麼便開口大罵：

「烏茲別克文，這算是語文嗎？編一大堆名詞來替代原本的俄文，全是假的！現在還推展什麼烏茲別克文學；以前的波斯文裏還算有些文學，但烏茲別克文？眞是開玩笑！」

我完全傻住了。我不敢相信面前的這位傳教士，這個波蘭人，竟然那麼的排斥烏茲別克文。如果他活在一百年前，當波蘭被俄國統治，從歐洲地圖上完全消失的時候，難道他也會認爲波蘭文就不算語文嗎？我眞的很想問他，如果烏茲別克文不是語文，那街上的人是怎麼溝通的？幾百年前的偉大詩集又是怎麼寫成的？但我知道自己太激動了，便匆匆告辭。

◉特權階級的社會

七月四號，美國國慶日，Steve邀請我去大使館辦的party。我得先去他那裡，再等專車來接。

他的公寓面對著一個很破舊的mahalla住宅區。那裡的房子看起來都快塌了，鐵皮、塑膠板、甚至紙箱子都被拿來補洞。剃了光頭的小孩子在泥濘的街上跑，路邊的羊在慢慢地吃草。

我穿著高跟鞋和黑色的長裙很不自在地走在其中。終於到公寓門口時，我才鬆了口氣，但心中也感到一種愧疚。

卡啦卡啦的，鐵門被拉開。

「請進！」

「你家有兩扇門？」

「是啊，這是屬於大使館的公寓，所以安全很重要。我算運氣好，通常實習生是分不到這種地方的。妳看！」

那的確是一個非常豪華的公寓，有四個房間，很大的廚房，和一個寬敞的客廳和陽台。所有的沙發桌椅也都齊全，雖然都是西式的。看久了當地住家擺的矮桌子和毛毯席子，反而有點不習慣。

Steve說他只用到一個房間。

「一個人住這麼大的地方，也有點奇怪。」他說：「感覺很寂寞。」

他打電話叫了車子。二十分鐘後我們便坐上一輛掛著外交部車牌的小旅行車。

「我們還得去 Hotel Intercontinental 接另外兩個人。」司機說。

Hotel Intercontinental 是近幾年由外商投資興建的高級旅館。以它摩登的設計和耀眼的色彩，看起來完全符合西方大飯店的水準，而在塔什干的灰色背景中簡直就是沙漠裏的一朵鮮花。

我們開入圓形的車道，在大玻璃門前停下來。我們要接的兩個男人正站在外面跟服務生聊天。看到我們，便笑嘻嘻招著手，一搖一擺地走過來。他們穿著T恤和短褲，大肚腩一抖一抖的，嗓門好大。

「這地方熱死了！」其中一位上車便說。

「可不是嗎！我剛剛一走出來就滿身大汗！」他的朋友搭腔說。

「還好旅館裏有冷氣。本來我們還怕他們不懂冷氣是什麼呢，對不對？」他們大笑起來。「嘿，去哪裡啊？」

「大使公館。」Steve說。

「希望這個開車的傢伙知道怎麼走。今天我們坐個計程車，司機不是阿呆就是要敲我們竹槓，開了不曉得多久才到！」

「這個城市很大，你要知道，路通常很遠的。」我突然想爲司機辯護。

「大得沒道理！」其中一人用肥胖的手擦著頭上的汗說：「搞不懂這城市是怎麼規畫的，多半的地方那麼破爛。政府眞該花錢修一修了，你不覺得嗎？」

◉大使的酒會

大使的住家，是一個徹徹底底的豪宅，前門寬得可以開一列卡車進去。一百多位客人在院子的草地上，像在公園裏野餐一般。有個樂團在唱Rolling Stones跟Eric Clapton的歌，車道上擺著一大桶一大桶冰塊跟啤酒。

我看到一群像嘻皮似的Peace Corps義工。他們的穿著和打扮都極不配當地的風俗。我心想，難道他們也就這樣子嘻嘻哈哈地去非常保守的偏僻地區嗎？正想呢，Steve跟我說：

「Peace Corps要暫時撤出烏茲別克。有幾個義工在費加那的山區裡被強暴了。」

△當地的婦女們

」

「好可惜，」我說：「但是 Peace Corps 當初也不該隨便派女生去那裡。那是烏茲別克最保守的地方了，當地的極端回教是有名的。」

Steve 點點頭，沒說什麼。

我本來以爲自己會很喜歡跟那麼多美國人在一起，但逐漸地，我覺得越來越累。當然，能跟大家講英文，聽西方流行歌曲、跳跳舞是滿好玩的，但我還是無法完全進入狀況。還好我碰到了另一個朋友，Scott。他也是研究生，在塔什干已經住一年了。他也正覺得無聊，我們便叫了輛計程車離開。

回家之前，Scott 先帶我去一個叫「綠洲」的餐館，說那裡有很好的聊天環境。「綠洲」的確很幽雅，室外的庭園裡有噴泉還有酒吧。我們坐下來，各點了瓶啤酒。

「我喜歡這裡的氣氛。」他說。

「你常來嗎？」

「不是很常，有空就來吧。」

我看了看四周的客人。似乎都是外國人，和幾個手提著皮箱，看起來有錢有勢的烏茲別克男人。

「他們的菜也相當不錯。」Scott說：「我不想在家裡做飯的時候，就會來這裡。這是城裏少有的幾家好餐廳之一。」

其實也難怪：當帳單來時，我差點認爲自己看錯了。吃慣了七十sum一盤的sh-ashlyk和palov，我簡直無法相信剛才的那瓶啤酒，竟然要一千塊。

【烏茲別克】

大塊紅紅的瘦肉赤裸裸地掛在鉤子上，
周圍繞著黑頭蒼蠅。

整隻剝了皮的小牛和小羊陳列在血淋淋的桌子上。
我甚至看到一排半去了肉的羊頭，露著牙齒好像在笑。

羊屁股

有一個星期天，Shahlo 一大早在房間門口叫我，說有客人來。原來是Jahon。我爬起來穿好衣服，迷迷糊糊地走出去。

「早！準備好了嗎？」他笑瞇瞇地說。

這時我才想起，許久之前曾經跟他提過要去逛 Ipodrom 的假日市集，沒想到他居然還記得。

◉好噁心的東西

Ipodrom 的市集非常大，我們從早上去，到下午才走了一半。一排接著一排的攤子陳列著絲綢、布料、傳統的繡花絲絨外套等。其餘的攤子則有各種來路不明的西方進口貨，以衣服和化妝品爲主。

我們經過了一些賣麵包和糕點的小吃攤。

「妳要不要來個 somsa？」Jahon問。Somsa是當地很普遍的點心，外面是烤得脆脆的麵粉殼，裡面是碎肉、馬鈴薯、洋蔥和香料，很像印度的咖哩餃。

小販正大聲地推銷著自己的 somsa，並拿起一個掰開來，讓我看到裡面的填料。我肚子滿餓的，便買了。

吃到一半，突然嚼到一塊軟軟油油的東西。那味道又苦又膩，使我不得不把它吐出來。

「這裡面塞了一大塊噁心的肥油！」我說。

Jahon 笑了。「那是 dumba。」他說：「剛才小販把他的 somsa 掰成兩半，是特意讓妳看到裡面放了很多 dumba。」

「Dumba 是什麼東西？」

「羊屁股上的脂肪。」

我起先還以爲他在開玩笑。

「不信嗎？」他說：「下次妳去mahalla，經過有養羊的人家，注意看羊尾巴接上屁股那裡，有塊厚厚的東西，那就是dumba！」

我剛才竟然吃了塊羊的屁股油！我的表情一定很傳神，使Jahon笑得更厲害了。

「在烏茲別克，dumba算是珍饈美味呢！Somsa裡面放的越多，就越好。當然，在這裡也有些人不喜歡。」

我不但不喜歡，只覺得那油油的味道一直留在嘴裡，害得我整天都沒胃口。

◉三斤糖

幾天後，去Erkin-aka家上課，並留下來吃早餐。我坐在ayvon，Erkin-aka起身去另一個房間，拿了一落平裝書回來，擺在桌上。

「這些……」他慢慢地說：「是語文課本。我有個教書的朋友，聽說妳在學烏茲別克文，便叫我帶給妳。他想這些會幫助妳學習。我也覺得這些書不錯，真的不錯…但是，當然，妳要不要，是妳的選擇。妳不要也沒關係，他不會介意的。但如果妳要的話…我朋友只要兩斤砂糖。他不要錢，只要兩斤砂糖。如果今天可以買到最好。」

我看著那一落書，不知該怎麼辦。

「兩斤糖，今天最好。」他說：「或明天也可以。」

這時他太太Hanifa-opa從廚房裏伸頭出來。

「三斤！」她說：「他說要三斤，今天就要！」

Erkin-aka很不耐煩地揮了揮手。

「兩斤就好。」他說：「不要勉強。他…」他停了一下，說：「我猜他想拿來做果醬。」

我說我會翻一下那些書再決定。

「是、是、是，當然當然…」他說，好像要盡快結束這個話題：「今晚來吃飯，啊！」

我拿了書，起身先告辭了。出門前，Hanifa-opa還在後面喊：「別忘了買糖啊！三公斤！」

書不用翻了。我直接去距離最近的Chorsu大市集，穿過衣服和化妝品的攤位，進入大圓頂遮蓋的菜市場。

◉買賣與調情

立刻便有許多小販過來推銷剛出爐的新鮮麵包。我繼續走，進入賣肉區。大塊紅紅的瘦肉赤裸裸地掛在鉤子上，周圍繞著黑頭蒼蠅。整隻剝了皮的小牛和小羊陳列在血淋淋的桌子上。我甚至看到一排半去了肉的羊頭，露著牙齒好像在笑。有一個屠夫正切著一塊白色的脂肪。我猜那一定是dumba，想到便令我翻胃。

穿過堆得高高的馬鈴薯和洋蔥、一攤攤的蔬菜、和擁擠的水果區，所有的叫賣

△我就是到這個市場來買糖的。

△婦女們在削蔬果。

和還價聲都在空中混成了一片，使圓頂下的空氣顯得更悶更熱。

香料和糖在單獨的一個大帳棚裏。裡面擺著長長的木頭桌子，堆滿了裝著各種鮮艷香料的大麻袋。所有綜合的香味一齊衝進鼻子，讓我清醒不少。我嚐了些細磨的辣椒粉和味道甜甜的茴香子，最後到了賣糖的攤位。

比價之後，我要了三公斤砂糖。老闆一面裝糖，一面帶著暗示的笑容看我。

「小姐結婚了嗎？」他問。

「是的。」我趕緊回答

「先生呢？」

「在美國。」我說，但立刻又發覺不該那麼講，因為他馬上便問：「今晚有事嗎？」

我接下來便花了好幾分鐘拒絕老闆的各種調情取樂，才終於拿到糖。

離開市場之前，我順便也買了一罐Nutella巧克力醬，因為 Hanifa-opa 曾經向我暗示過好幾次，說她最愛吃巧克力了。還有幾個保加利亞甜辣椒，也是她喜歡但捨不得買的。

回到Erkin-aka家，我帶來的東西引起了一窩蜂的興奮。Hanifa-opa 拿了糖立刻跑進廚房裏做果醬。

那天晚上吃完飯，當我要走的時候，她又把我帶到旁邊，躲著Erkin-aka，小聲地說：

「聽說妳很喜歡吃 somsa。妳下次去市場，買兩斤 dumba、兩斤肉、兩斤細麵粉、一罐油，我就給妳做很香的 somsa 吃，好嗎？」

我只好點著頭，心裡默默地嘆氣。

◉總缺幾樣東西

從那天起，Hanifa-opa 有機會便提醒我：

「Dominika…妳什麼時候會去市場啊？」

只是每次再重複她要的材料時，好像都會多加幾樣東西。

有一天，她著急地跟我說周末家裡有客人，必須得做somsa了，我才知道事情拖不下去。

「妳可以禮拜五帶Mohira去市場。」她說。Mohira是她十七歲的女兒。「她知道哪家的東西好。」

「可是，Hanifa-opa，我不喜歡吃somsa裡面的dumba。」我說。

「沒關係，沒關係，」她微笑著拍拍我的手。「給妳的我就不放，只抹一點在裡面讓它烤得比較香，好吧？」

星期五，我過去接Mohira去市場。她穿鞋子的同時，Hanifa-opa還站在門口重複著菜單，最後還說：「如果有剩錢的話，可以買點牛油、胡椒、鹽巴…」

我們出門了。走到一半，Mohira突然把手拍在嘴巴上，說：「唉呀！我忘了帶錢！」

我看她如此多餘的演出，都呆了，不過還是跟著演下去：「沒關係，我有帶錢，我們繼續走吧！」

她當然是沒有抗議，還有點偷偷得意的樣子。

到了市場，我盡量不讓自己去想錢的事。當地的肉尤其貴，所以我通常爲了省錢都不會買。那一天的東西，足足花了我兩個禮拜的食物預算。

拎著大袋小袋走回車站，Mohira可是開心的很。

我們路過了一家賣冰淇淋跟汽水的攤子。

「可不可以買杯汽水…？」Mohira 裝作小女孩撒嬌的聲音。我只好咬著牙掏出錢包。

◉Somsa

Hanifa-opa 當然是很感激，但對我買那麼多東西又似乎一副理所當然的樣子。她叫我過兩天來拿 somsa，便去廚房忙起來了。

禮拜天，電話很早就響。我前一夜睡得很晚，糊里糊塗地接起來。

「快來啊！」Mohira 在另一段很興奮地說：「我們給妳做好了 somsa，就要出爐了！」

當我終於逼自己起了床，到他們那裡去的時候，一大盤熱騰騰的 somsa，看起來比我之前吃過的漂亮許多，正擺在桌上。

「這些裡面都沒加dumba。」Hanifa-opa說：「還有一些，給妳帶回家慢慢吃。」

她說著便交給我一個大袋子，裡面裝了差不多有十五個。

【烏茲別克】

新郎和新娘坐在中間的位子，穿著整套的豪華禮服，奇怪的是，他們臉上毫無表情，兩人硬梆梆地坐在那兒，簡直像在辦喪事。

妳為什麼還不結婚？

回想我剛到塔什干不久，有一天下午回家時，房東Tohir-aka正拿著工具，隨著很大聲的烏茲別克音樂敲敲打打地修屋子裏的櫥櫃。我先躲到廚房裏看書，在那裡休息一下。過了一會兒，他滿頭大汗地走進來，在水槽底下找東西。突然他一轉身，皺著眉頭瞪著我說：

◉妳幾歲？

「妳先生怎麼肯讓妳一個人來塔什干？」

我愣住了。除了第一天晚上給我鑰匙時，Tohir-aka不曾對我說過幾句話，也一直保持很嚴肅的模樣。我一時不知道該怎麼回答。

「我還沒結婚啊……」

「爲什麼？」

「我還年輕……」

「幾歲了？」

「二十三。」

「那還算年輕？妳早該結婚了！我們在這兒幫妳找個老公，怎麼樣？」Tohir-aka 的眉頭一下子皺得更緊，雖然嘴角微微笑了起來。他對我擠個眼，吹著口哨走了出去。

那時我還不知道，「結婚」將是我天天會碰到的話題。

許多人剛認識我，不到三句話便會問：「結婚了嗎？」

每個人也都想給我介紹將要辦婚事的朋友，不是要相親，而是讓我能一睹烏茲別克婚禮的風采。每當我跟年輕女孩子一起做研究時，她也一定會聊到結婚的事。

Erkin-aka 有個學生，跟我說她最大的夢想就是去美國留學。

「妳的英文不錯，應該申請看看。」我說：「國外有很多集團，專門贊助前蘇聯國家的學生去美國念書。」

「可是家裡不准。」她說：「我爸媽說結婚以後，如果先生同意的話，可以跟他去。我自己現在不能去。」

「妳打算什麼時候結婚呢？」我問。

「明年吧。家裡是那麼說的。」

「妳想結婚嗎？」

「不曉得。」她淡淡一笑，我也知道不該問太多。

◉誰說美是原罪？

有一天，我請 Jahon 過來接我去菜市場。回家時 Shahlo 不在，後來傍晚回來，說是去父母家吃晚飯。我煮了壺茶，兩人一面喝茶看電視，她忽然轉過來，好像一時想起什麼似的：

「有件事得跟妳說……下次希望妳不要叫 Jahon 來家裡。我爸媽從來不准男孩子來，他們知道的話會很不高興的。希望 Jahon 會諒解，還是請他在樓下等比較好……」

「哦，我不知道，眞是對不起。」我說：「沒想到妳爸媽還滿嚴的嘛！」

「因爲人家看到了，會說話。」

「如果他們也在家呢？」

「也一樣。」她說：「這裡的人認爲，女生跟男生除非已經訂婚了，要不然是絕對不能有往來的。如果有人看到我跟某男孩一起在外面，或看到他來我家，我又沒有嫁給他的話，人家就會說：喔，這個女的如何如何，她交過男朋友等等……這種話傳出去，就沒有人要娶我了！」

Shahlo 一面正經地解釋，一面似乎也覺得有點好笑。我看著她亮亮的大眼睛，濃密的黑髮捲捲地落在白嫩的臉頰兩旁，心想她眞的很美，不知道以後會嫁給哪個幸運的傢伙。

「這裡人人心裡有鬼，長得太漂亮也不好。」她似乎猜中了我心裡的話。「我班上有個同學，長得實在是驚人的、完美的美。說眞的，實在太漂亮了，每個男孩子都想追她，我們同學私下常討論她以後會嫁給誰，因爲她實在太有條件了。後來，她竟然嫁給了一個三十多歲的男人。三十歲還沒娶老婆也算是很奇怪了，很多人都猜他是不是有毛病。但這個女孩子的父母很堅持，她自己也覺得年紀大一點的丈夫會比較成熟。結果妳猜怎樣？不到四個月就離婚了！」

「爲什麼？」

「她的婆家讓她簡直活不下去。他們是那種住在 mahalla 的，非常保守的家庭。她搬進去以後，婆婆就開始天天刁難她，說『誰知道妳眞是什麼樣的女人，憑妳這個長相，沒有鬼才怪！』後來她丈夫也開始攻擊她，一天到晚問她婚前做了什麼缺德的事，還說『妳太漂亮了，不可能沒有交過男朋友的！』她當然對天發誓，從來沒有跟任何男人有過關係，但他還是不信。她天天受侮辱，四個月之後實在受不了了，只好搬出去。」

「當然，」Shahlo 繼續說：「現在她更嫁不掉了。一個美女離婚，人家一定想她是有了外遇，才被先生趕出來的。即使知道眞情的人也會離她遠遠的。還好她自己也不想再結婚了！」

「眞是個悲劇啊！」

「是啊！所以還是小心點好。我有些朋友連電話都不能接，還有個朋友家裏雇司機，天天接送上下課。她哪裡都不能去，不能出門買東西，連其他女孩子的聚會也不能參加。」

「上了大學，還是這樣？」

「是啊，她們家覺得管得比較嚴，就比較容易找到好對象。」

「那妳呢？」我問：「妳要家裡幫妳找對象嗎？」

Shahlo 看著電視，想了一會兒。

△我的朋友Shahlo。

◉女人真命苦

「我媽說，如果自己看上對象的話，她不會介意，但我自己會覺得怪怪的……不知道，我簡直沒法想像跟家裡『介紹』我看上的男生。而且，有些事還是家裡決定比較好。如果婚姻出了問題，丈夫欺負妳或怎麼樣的話，至少家裡還可以幫忙。如果是自己找的，那就自作自受了。」

「假如妳不喜歡他們找的對象呢？」

「我爸媽不會逼我嫁不喜歡的人。他們一定會先問我，現在多半的人都這樣。」她說：「當然，我還是有幾個朋友，是被家裡勒令結婚的。」

Shahlo的故事很多。她嘆了一聲說：

「我大學畢業之前，是不會嫁人的。這已經跟家裡講明白了，我爸媽也覺得我的學業很重要。可是一旦結婚了，就得照顧丈夫、忙家事。這不是我現在想要的。

」

「做先生的難道不會幫忙嗎？」我問。

「如果他個性好，是個好丈夫的話。像是我爸爸，就會幫忙做家事。我跟我妹妹還小的時候，他還洗過衣服呢！可是妳也知道，不管怎麼樣，還是不一樣啊！」

我正想這句話是什麼意思，她便笑了一下，一個比她十九歲要來得成熟許多的笑容——

「女人的命總是苦一點兒，不是嗎？」

◉喜事像喪事

幾天後，我跟 Jahon 去逛街。當時晚上九點，天剛黑。我們從獨立廣場過街到旁邊的一條運河。白天的時候，有很多小孩會從橋上跳進河裏游泳。到了晚上，岸邊則是燈火輝煌，水上飄來熱鬧的音樂。

「看起來有滿多人的。」我說。

「嗯……」Jahon 伸著脖子張望著。「河邊的一家餐館正在辦婚禮。要不要去看看？」

我們加入橋上看熱鬧的人群，抓著欄杆彎身看下面。餐館沿著水邊的戶外花園裏擺著許多張長桌，有各種菜和 palov 炒飯，四處布置得很喜氣。穿著高雅的客人在談笑著，女士們穿著鮮艷的長裙和傳統剪裁的西式洋裝，雖然上身的布料透明得嚇人。在這保守的社會裏，女孩子絕對不會穿短於小腿一半的裙子出門，但夏天的洋裝和上衣卻是用薄紗做的，薄得連胸罩的線條都看得見，我覺得實在有點奇怪。

花園裏有樂團正在演奏當地的流行歌曲，傳統的中亞旋律配上電子琴的恰恰節拍。偶爾有人到樂團前面跳跳舞，其他的人在吃飯，場面挺熱鬧。新郎和新娘坐在中間的位子，穿著整套的豪華禮服，身邊圍著一圈圈的鮮花。奇怪的是，他們臉上毫無表情，兩人硬梆梆地坐在那兒，簡直像在辦喪事。

「他們怎麼那麼不高興？」我問。

「那是這裡的習俗。」Jahon 說：「說實在的，我不是很喜歡這個規矩。婚禮是喜事，可是新郎新娘卻得維持一副死板的樣子，不能跳舞、不能笑。看到沒有？只有當客人過去送禮的時候，他們才能點頭致謝。」

「你不贊成這樣？」

「不。我覺得既然是自己的婚禮，就該高高興興的。」

「爲什麼會有這麼怪的習俗呢？」

「因爲結婚是件重大的事吧！其實我覺得人生已經夠重的了，何必表現得那麼沉呢？」他說：「做醫生的，難免會這麼覺得。」

我們盯著那對新人看。他們好像連眼睛都不眨。

「我也不喜歡那些西式禮服。」Jahon 說：「我還是比較欣賞傳統。當我結婚的時候，我會要求新娘穿 atlas——妳知道，那種很鮮艷，絲綢做的衣裳。金色、粉紅、或藍底銀線的，多美啊！我媽倒是笑我，說我這麼堅持，就娶不到太太了！」

「爲什麼？」

「哈哈，現在的女孩子都只想戴白白蓬蓬的婚紗，誰肯穿那麼不時髦的atlas？不過我跟家裡說：『幫我找一個肯穿的』。」

「這麼說，你是要他們給你找對象了？」

「還是這樣比較好。」他說：「想想，如果我愛上一個女孩，可是家裡不接受，不准我娶她，我不是會心痛極了？所以我跟家裡說：『你們挑幾個不錯的，我再選一個當老婆』。」

「結果如何？」

「還沒開始找……可是我媽總是在留意！」他對我笑了一下。

「哦……」

我們開始往回走。Jahon好像在想事情，很久沒說話。

「我覺得，」他終於開口：「我的太太，也應該是我最好的朋友。我不要像有些男的，只把老婆當拿報端茶的佣人。我也講究信任。你管她管得再嚴，她還是有辦法做自己想做的，只是不會跟你說而已。我不要我太太覺得什麼都得瞞著我。」

「那麼你的信任，是不要她瞞著你，」我問：「還是因爲你確實覺得她應該有自己的自由？」

Jahon 愣了一下。

「跟妳聊天，眞是蠻奇怪的。」他最後說。

「怎麼？」

「妳跟這裡的女孩子太不一樣了。」他說：「跟妳聊過之後，我覺得醫院的女同事都比較……孩子氣。」

這時我們已經到了我家門口。我對他笑笑，便進門了。他沒回答我的問題，不過我還有機會問他。

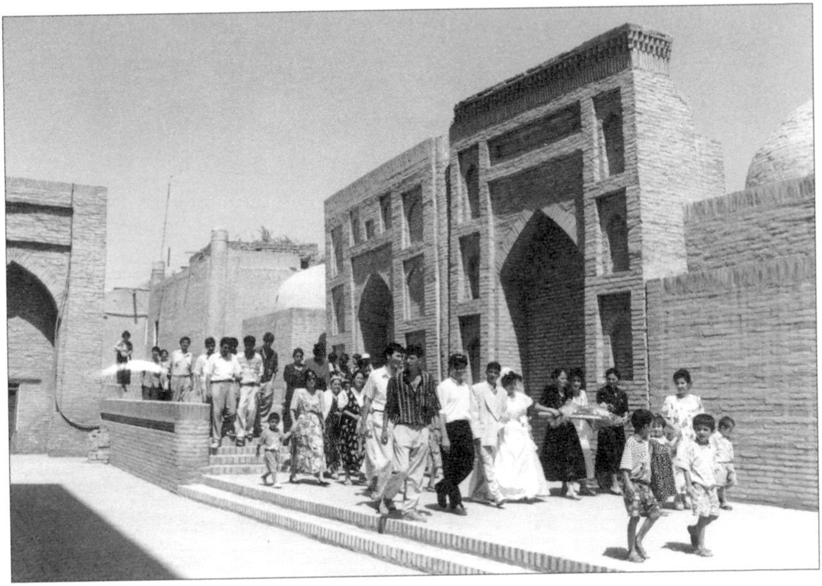

△烏茲別克的婚禮。

如果 Jahon 指的「孩子氣」，是因爲他覺得當地的女生不會深入探討生活的話，那也是因爲身爲男人的他不可能接觸到那個層面。

在烏茲別克的傳統社會裏，男女之間很難建立有深度的友情，卻常有許多同性的朋友。烏茲別克文裏甚至有個字，gap，專門指的是同性之間的聊天聚會。每個月定期一天，一群朋友輪流到其中一個人家做客，一聊就是幾個小時。Gap 算是很重要的事，許多人的生活都是繞著它安排的。

我在塔什干參加過一次 gap。邀請我的是 Salomat 的朋友——一群三、四十歲的太太們。（Salomat 是我在美國認識、最初來機場接我的女學者。）

聚會地點是塔什干郊區的一個河邊別墅。烏茲別克的婦女通常不開車，所以其中一位太太，Feruza，便請她的司機載大家一起過去。到了那裡之後，司機便知趣地躲了起來。

我們坐在一個搭在水面的木頭台子上，鋪下桌布，擺出麵包、水果、蛋糕、和一瓶酒，大家穿著泳衣，靠在臥枕上聊天。那幾位太太都是有勢家族出身，通常表示家人曾跟共產黨有關係，而且家中八成說的是俄文。這種背景的人通常不太會烏茲別克文，或只略懂幾句。但不管什麼語言，「婚姻」的話題遲早還是會出現。

「鄉下會不會比城裏保守？」我問。「我好像常在塔什干看到戴面紗的婦女。」

「以前在蘇聯時代，沒有人這麼穿。」其中年紀最大的太太說：「自從獨立之後，回教再次興起，整個社會反而變得更保守了。」

「我向來都覺得這裡太保守了。」Salomat 說：「妳相信嗎？直到我結婚那天晚上，連 sex 是怎麼一回事都不知道！」

「發生了什麼都搞不懂！」有人說。大家都笑了。

「我也一樣。」Feruza說：「結婚時已經二十三歲了，之前都沒人跟我解釋過那種事。」

「是啊，在這裡，沒人會跟女孩子說這些的。」

「我嫁給了一個在Eski Shahar長大的男人。」Feruza對我說：「Eski Shahar是城裏最古老的mahalla，我先生也一樣的傳統。我念過學位，想出去工作，可是他不准。他要我待在家裡，怕我出去遇到男人。Eski Shahar那個地方是出門都得蒙頭罩臉的。我在那裡住了幾年，生了兒子，可是我痛恨那種生活！我愈來愈受不了我的先生，每晚跟他都成了酷刑。最後，我還是走了。」

◉可以離婚嗎？

我曾經聽說Feruza在城裏有個公寓，卻把它出租，反而跟母親和弟弟們一起住家裡。聽了她的故事，不難理解她的心態。

「這裡的離婚率高嗎？」我問。

「不，離婚是很不尋常的。」Feruza 說：「離婚總是難看，而且多半的婚姻也都還好。即使是安排的，進了好門戶也不錯。像 Salomat 就蠻有福氣，有個好先生：我的婚姻是走投無路，不得不離開。現在回頭來想，當初那麼做還是比較好。」

Salomat 淡淡地笑著，我知道那笑容含著許多意思。她有一次曾經跟我抱怨在婆家住得很辛苦，也記得她先生曾經火冒三丈地打電話來我家找她，就因爲她跟朋友聊得晚了點。同時她也告訴我，當婆婆不在家的時候，她先生也會幫忙做點家事，而且無論如何，他先生讓她去了美國。他也算是個好丈夫吧，有點像 Jahon 形容自己未來將成爲的好丈夫。

很久都沒人說話。最後聽到 Feruza 的聲音。

「自己一個人獨處很難，但是我有自由。我這一生，也有過別的男人。第一次愛上，都快四十了，可是我至今還是相信，眞的相信那種最切合、最熱情的愛，那種我們少女時代都會夢想的愛，其實還在前頭……」

她舉起酒杯，我們也紛紛跟著。

「敬眞實的愛，」她微笑著說：「和朋友們。願我們在世的日子都能相聚。敬身邊的朋友，敬眞正的友情，因爲那才是生活裏最算數的一切。」

【烏茲別克】

我不會傷他的心，不會背叛他，
可是我也有自己的興趣、自己的生活，
就像他有自己的興趣跟自己的生活一樣。
我會愛他、會關心他，
但我不是『屬於』他的東西啊！

我不屬於他

自從來到烏茲別克，我就一心想去爬山，現在終於和 Jahon 敲定了時間。我們計畫去三天——禮拜五搭第一班火車先到一個叫 Xojakent 的小鎮，從那裡去一個更小的地方叫 Xumson，跟 Jahon 的妹妹踫面，吃了晚飯之後再決定下面的行程。Jahon 從來沒去過 Xumson，也沒爬過那附近的山脈。我們在塔什干跑了一整天的書店，也找不到那裡的地圖。

◉出發了

禮拜五清晨，我準備了所有的必要用品：電筒、毛衣、開罐器、和足夠一個禮拜的糧食。Shahlo 迷糊地從房間裏走出來，看我正蹲著準備扛起巨大的背包，問：「背著那個怎麼爬山啊？」

出了門，我的背包和我更成了奇觀。通常我穿著長裙，拿著小皮包，很容易冒充當地的俄國人。但今天穿著牛仔褲，踏著最新款的美國球鞋，背著一個巨大的

Janisport 背包，我簡直像是天上掉下來的怪物。

Jahon 準時六點半到了火車站。他穿著皮靴，背著一個像籠子似的軍式背包，上面綑著綠色的軍式帳棚，很像十九世紀的探險家。他看到我那套鮮艷得刺眼的裝備，一直開我玩笑，但我也知道他私底下很羨慕，因爲他的背包雖然只有我的一半大，卻是我的兩倍重。

我們坐上的火車也是個古董：裡面全是木頭的，整個車廂漆成同一個髒髒的栗色，硬梆梆的凳子和椅背釘成九十度的直角。出發一個多鐘頭之後，我的背就已經痛得坐不直了，但其他的乘客，包括一些剛從早市場返回的鄉村婦女，抱著她們的大籃子看著外面的風景，卻顯得十分自在。

過了三個小時到了 Xojakent，天氣已經熱得不能忍受。聽當地人說，本來要去 Xumson 的巴士整個早上都沒來。Jahon 估計走路不要一兩個鐘頭，我們便硬著頭皮出發了。當時接近中午，看著遠處積雪的山頂，不禁使我更加感覺到燒著皮膚的烈日。我的牛仔褲粘在腿上，走路時刮著皮膚，最後我決定還是舒適重要，乾脆換了短褲。過了不久，Jahon 也受不了了，攔下一部車子，給司機一百 sum 載我們到 Xumson。

我原來以爲 Jahon 的妹妹 Adiba 和她的同學是在 Xumson 度假，到了那裡卻發現他們正在準備暑期考試。我們的出現引起一片轟動。Adiba 看到我們高興極了，趕快帶我們去食堂吃飯。學生們紛紛圍過來，端來茶和點心。

◉穿內衣游泳

這個搭著塑膠屋頂的戶外食堂，也是白天的教室兼晚上的社交中心。學生們中午可以在大樹的樹蔭下休息，晚上男生們則睡帳棚、女生住比較舒服的拖車屋。看到女孩子都穿著樸素的長裙，我對我的短褲有點不好意思，但當一位女同學建議大家去游泳的時候，我趕快趁機會換成更涼爽的泳衣。這時 Jahon 便和男老師們走去別的地方聊天了。

Adiba 和她的朋友們帶我走下山坡，穿過很高的草叢到一條小溪旁。沒多遠，小溪就流入一條很急的大河，河的對岸有一個游泳池，有很多男生在那裡玩水。

「那是私人的游泳池嗎？」我問：「看起來像是度假村。」

「是度假村，可是外人也可以去。」

「那我們就去啊！比這裡好多了！」我說，但又立刻發覺自己說錯了話。女孩子們尷尬地妳看我，我看妳，然後 Adiba 小聲地說：「不行，那裡有男生ㄟ。」

我們在小溪的一堆大石頭後面找到水較靜的地方。那裡不過三英尺深，只夠泡泡身子而已，但後來我才發現那些女生原來都不會游泳。她們也沒有泳衣，直接穿著內衣和T恤下水。難怪 Jahon 躲得遠遠的不敢過來。

「妳們對游泳好像興趣不大。」我說，但她們都搖頭。

「不是，我們想學，可是到處的游泳池都有男生啊！」

△在山上的學校，我左邊那一位就是Abida。

◉俄國人滾出去！

我和 Jahon 在 Xumson 待了幾個鐘頭，跟學生照了很多照片，在大家揮手之下繼續上路。

剛走出來，有幾個路過的男人用很奇怪的眼光看著我們。

「他們嫉妒我。」Jahon 說。「因爲我跟妳在一起。」

我挑起了眉毛，但沒說什麼。之前，當我和 Adiba 一起在外面散步聊天時，她悄悄地跟我說，她的一個同學很喜歡 Jahon，聽說他要來的時候興奮得要命。不曉得那個女孩剛才看到我和 Jahon 一起走出去，心中是什麼感覺。

山路逐漸變得越來越陡，最後化爲一片碎石。我們走到一個懸崖旁邊，從那裡望過底下的山谷，紫灰色的晚霞中還可以很明顯地看見對面的山頭。

「明天，我想爬到那兒。」我對 Jahon 說。

「好，可是現在得先找個地方紮營。」

四周都是有刺的樹叢，不得不忍痛先穿過它們，到山邊比較空曠的地方。在那裡，我們又找到一條小石頭路，通往一間很破爛的屋子。靠近屋子時，一隻小狗從裡面跑出來，繞著我們不停地叫。一個滿臉皺紋的男人從屋子後面出現，把狗拉了回去。

那個屋子裏住了一家農夫，三男三女，和好幾個剃著光頭、全身髒兮兮的小孩。房子搭在木樁上，屋頂是幾根削了皮的樹幹支起來的。屋子裏只有一些毛毯棉被鋪在地上。做飯的地方在外面，和幾張生了銹的鐵床挨著泥巴牆旁邊。

家主讓我們把帳棚搭在院子裏，並請我們一起用餐。Jahon 見到他，很快便介紹我是美國人。

「他們果然變得比較友善。」後來他跟我說：「這些人不會把後院借給俄國人住的。」

紮好帳棚，太陽已經下山了。大家圍著一張歪歪的桌子坐下，旁邊的火爐把每個人的臉照成橘色的。我和 Jahon 打開自己帶來的肉罐頭和農夫一家人分享，他們則招待我們喝 qimiz——發酵的驢奶，據說是中亞游牧民最愛的飲料。它很稀，像美國的脫脂牛奶，但又苦又酸，還帶點酒精的味道。我嚐了幾口，最後還是把杯子推給 Jahon，看他一仰頭就把它喝下去了。

吃完飯，Jahon 和農夫們聊天，但我聽不懂他們的方言，也覺得越來越睏。爬進帳棚裏，我很快便睡著了，只依稀記得外面有一片蟲聲。

◉妳在暗示什麼嗎？

第二天的太陽燒著山頭發白，還好我們已經到了比較涼快的高度。早上，農夫指出通往對面山的路，我和 Jahon 便出發了。走了不久，小路又在石頭中消失，我們只好隨著草被踐踏過的痕跡繼續前進。

△在山上的那户貧窮的農民。

到了下午，我們已經穿過了山谷，站在對面的山腳，看著布滿雜草的土坡立在眼前。

「妳確定？」Jahon 對我一笑，但看得出他有點猶豫。

「想想看，頂上的風景一定很美！」我說：「而且應該不遠了，不要兩個鐘頭吧！你覺得呢？」

Jahon 沒回答。看看前面，看看我，又看看前面……然後手一揮，瀟灑地說：

「Let's go！」

附近已經完全不見人煙，只有一些放山的牛。我們隨著它們的蹄印，沿著一條乾河床往上爬。河床很深，裡面布滿了大石頭，山坡又非常陡，乾旱的泥土容易崩落，沒踩好滑下去，一定會傷筋斷骨。我們一步步地往上移動，Jahon 用鐵鏟挖出踏腳的洞，我則在後面抓著草，彎著腰讓背包的重心壓在身上保持平衡。沿途還常蹚到牛，擋在面前完全不讓路。公牛看到我們時還會低下頭，擺出攻擊的姿勢，使我更加緊張。

努力了三個小時之後，我們終於爬上了山頂。一眼望去，風景果然值回票價：波浪似的綠山丘和蓋著白雪的尖齒山脈，一層層無止境地鋪到天際。比較和緩的山脈走向哈薩克，逐漸成爲中亞高原；輪廓突顯的山脈則連接到塔吉克山區的冰雪尖峰。

太陽這時已經開始下山了，於是我們趕緊紮下帳棚。天黑了，我們用樹枝掛著罐子，架在火上煮晚餐。遠遠在底下的山谷，有一些小鎮的燈火無聲地陪伴著我們。

火小了，我們仰著頭，看著擠滿了整個天空的星星。過了許久，Jahon 低聲問我：

「妳可以想見自己留在烏茲別克嗎？」

「不。」我很快地回答，有點擔心那句話的用意。

「爲什麼？」

「我是不同世界的人。我不可能爲了適應這個環境而改變自己。」

「妳不用改變。我喜歡妳這樣，那麼獨立、堅強、有自己的風格。」

「你喜歡，這個社會不喜歡。」

「怎麼會？」他驚訝地看著我。「獨立堅強總是好的，女孩子也不例外啊！」

我沒有回答。

「妳覺得這裡的女性找不到好工作，達不到成就嗎？」他說：「有些，的確。像我們家的 Nargiza 是從來不出門的。但在醫院我也認識很多女同事，都是非常能幹的醫生。」

「Jahon，我指的是人與人的關係、男女之間的態度……我們討論過的，像我這樣的個性是無法融入這個社會的。」

「如果妳認識了一個人肯娶妳的話，妳會留下來嗎？」

「不會的，Jahon。我不會嫁在這裡的。」

我們沉默了很久，然後 Jahon 又開口了。這次他的聲音更低沉：

「如果妳是回教徒的話……我可能會向妳求婚。」

沒想到他會那麼直接地說。還好在黑夜裏看不到我尷尬的表情。我沒答話。

「我母親也說……如果妳是回教徒，那該多好。」

「你只能娶回教徒嗎？」

「如果我說我不管呢？」

「Jahon，你是我朋友。」

朋友不能結婚嗎？」

「我已經有男朋友了。我也跟你提過好幾次，你不記得嗎？」

他沒有回答。我試著專心聽草裏的蟲聲。

「妳會嫁給他嗎？」隔了片刻，他問。

「我還年輕，想不到那麼遠。」

「二十三歲，這裡的女孩子早就嫁人了。」

「我不是這裡的女孩子，對我來說還早。」

「美國眞是個怪地方。」

「也之所以我不能住在這兒。」

一顆流星彎彎地切過星空。

「有沒有看到？」他問。

我點頭。

「妳正在想他嗎？」

「是的。」

「他叫什麼名字？」

我告訴他，他學我說了一遍，發音很不標準。

「他現在在哪？台灣？」

「他在美國。」

「可是妳說要去台灣跟他碰面的。」

「最後會在那裡碰面。」

這時我察覺到 Jahon 的眼神，緊緊地盯在我臉上。

「你爲什麼要那樣看我？」我問。

「妳想知道嗎？」

「不想。」我把頭轉向天。「拜託你不要說。」

「那妳跟我一起出來爬山，我又該怎麼想？」

天哪！

「你應該想我們是朋友，都喜歡爬山，所以一起出來玩，就這樣啊！」

他嘆了口氣。「如果妳是烏茲別克人的話，就不是這個局面了。」

「Jahon，我不是烏茲別克人。」

他想了一下。「我不懂妳那個男朋友，叫什麼名字的，竟然讓妳一個人跑來中亞。」

「什麼!?」

「怎樣？」

「Jahon，我們也認識夠久的了，你該知道我是不聽人『准或不准』的！」

「我知道。可是如果妳已經結了婚的話，妳老公一定不會讓妳來這兒的。」

「我不會求他的許可。」

「妳不會考慮他的感覺？」

「當然會。我不會傷他的心，不會背叛他，可是我也有自己的興趣、自己的生活，就像他有自己的興趣跟自己的生活一樣。我會愛他、會關心他，但我不是『屬於』他的東西啊！」

△Jahon在山頭上好神氣！

這次 Jahon 沉默了特別久。最後他說：

「妳確實不能住在這兒。」

火逐漸滅了，星星變得更亮。我又看到了幾顆流星飛過。

「Jahon……」我說：「你還是我朋友吧？」

「當然。」

「那就好。」

然後他突然換了語氣。

「嘿，不早了。明天的路還很長呢！」

「你說的對。」

我們一起爬起來，開始收拾晚餐的東西。

撒馬爾罕

【撒馬爾罕】

他們的眼光還是使我很擔心。
我只能想見自己被丟進陰暗的監牢裏，
護照被銷毀，父母被通知，說我失蹤了……

輝煌之城

當我在塔什干的研究告一段落時，我排出了一個禮拜的時間去旅遊烏茲別克的聞名古城。

在哈佛教我烏茲別克文的老師，一位年輕的女士，是在東部的撒馬爾罕長大的；她父母還住在那裡，我便與他們聯絡，打算第一站先去那裡。

◉黑市

首先，我得去黑市換錢。烏茲別克政府限制居民兌換美金，當然也就造成黑市上很大的需求。當時的銀行匯率是一塊美金對七十 sum，但在黑市卻能拿到雙倍。因此，只有最不懂狀況的旅客才會乖乖去銀行換錢，其餘都是到市場後面的小巷子裏找黑市的跑手。許多在當地做生意的外商會派秘書司機去辦這種事，但我們這種窮哈哈的研究生只好硬著頭皮自己去。在那裡住了一陣子之後，其實我也學會了，雖然每次還是亂緊張的。

市場前面的馬路上有好幾個巡警。雖然我已經習慣了當地的男人看我，他們的眼光還是使我很擔心。我只能想見自己被丟進陰暗的監牢裏，護照被銷毀，父母被通知，說我失蹤了……

繞到市場後面，看到幾個面貌可疑的男人逗留在出口。我放慢腳步，假裝在找朋友。

其中一個男的靠近我，嘴裏悄悄念著：「Dolar, dolar... Dolar, dolar...」

我遞過一團衛生紙，裡面藏著一張一百元的美鈔。他從他的袋子裏拿出一綑鈔票。

「一萬四千二。」他塞到我手上，移開了幾公尺。

我拿了錢，蹲在一部破舊的蘇聯車後面點數。最大的鈔票只有一百，害得我數錯好幾次。我只想儘快結束這筆交易，差一點也無所謂了，便跟對方點個頭，趕快離開。

◉古城的幽靈

第二天早晨，我坐上了開往撒馬爾罕的巴士，隔著髒兮兮的窗戶看外面飛馳而過的小鄉小鎮、穿著各種鮮艷色彩衣服的村民、和大片大片的棉花田，延伸到地平線上緩出的山腳。我心裡不禁有點緊張；萬一我老師的家人沒來接我，或彼此認不出來，該怎麼辦？

撒馬爾罕的公車站是一個雜亂的大廣場，四周圍著各種小吃攤跟店鋪，卻沒有一個公用電話。我背著大背包在車站裏來來回回地走著，像個典型的外國佬，計程車司機也都緊盯著。撒馬爾罕比塔什干更懊熱，我的頭好暈、好沒力氣。不曉得過了多久，一位戴著白色小便帽的老頭從街上對我喊著：「多明尼卡！妳是多明尼卡嗎？」

「是、是！」

他聽到，整個臉像是見到老朋友似的亮了起來。我們彼此問候了一番之後，他帶我到一輛檸檬色的汽車旁邊，叫我在那裡等一下。過了會兒，他和一位個頭高大、差不多三十幾歲的男人回來。他們就是 Ravshan-aka 和 Nemat，我老師的父親和弟弟。

到了他們家，我老師的母親 Muhabbat-opa 已經做好了午飯等著我們。他們全家都很熱情地招待我，並不時問我老師在美國的消息。他們已經好幾年沒見到她了，對他們來說，我似乎帶來了我老師的一部分。

午飯過後，Muhabbat-opa 要帶我去城裏參觀。通常我寧願自己一個人逛，因爲當地人雖然路熟，卻不一定了解客人的興趣。我當然欣賞名勝古跡，但我更喜歡去探索古俗民宅的小巷子，看那些光著腳在街上玩的小孩。沒想到Muhabbat-opa是個極佳的導遊，我們去的每個地方都被她的故事帶入更生動活躍的境界。撒馬爾罕有數千年的歷史，曾是絲路上的輝煌之城，被亞歷山大大帝征服之後，經過了成吉思

△在灑馬爾罕的古跡留念。

汗時代，又成爲 Timur 的中古帝國首都。Muhabbat-opa 帶我進入古老的回教學院，站在庭園裏呼吸歷史的氣息，看著藍色馬賽克牆壁上的精巧圖案。

「看到那裡嗎？」她指著一個圓頂剝落的地方。「政府本來計畫要修補那塊的，可是手藝失傳，現在沒有人會作那種青瓷磚了。」

就一個很胖的中年婦女來說，Muhabbat-opa 眞是精力十足。她在古城的街道和台階上健步而行，我都跟得有點喘了。

「您不累嗎？」我問：「明天還可以再來看啊……」

「明天？明天還有明天的節目呢！」她笑著說：「而且走路對身體好！讓我保持年輕！」

她調整一下緊緊綁著的頭巾，擦擦汗，並把幾根掉下來的頭髮塞回去。

「上了年紀的女人就不好露出頭髮了。」她說。

最後我們到了一個叫 Shahi Zinda 的墓殿。她在入口停了下來。

「妳先進去自己看，我得休息休息。」她說，並走進門口的禮品店，坐下來跟女店員聊天。

我爬上台階，走在狹窄的走道上，看著兩邊排列的無名墓碑和鑲著青瓷磚的墓窟。這裡沒有觀光客，只見一對信徒去中間的殿堂祈禱。下午的太陽斜斜地照著剝落的圓頂，四處看得見粗草長在磚頭之間。我慢慢地走，覺得好像一個響聲就會使這個景像粉碎。

◉是不是碰到鬼了？

突然，一個穿著神學家的白袍和便帽的老先生出現在我身邊。

「妳是跟門口的太太一起來的，是嗎？」他說：「我帶妳走走，這裡有很多好看的東西……」

他身上帶著酒味，說話時搖來擺去的，而且說話時會不自覺地翻白眼。「天哪」我心想：「是不是蹚到鬼了？」

他堅持帶我從這兒走到那兒，跟我講解每個墳墓裏埋著什麼人和他們的生平故事。多半似乎都是Timur大帝的姐妹和妻妾。當我拿出相機時，他總是要我照一些我不感興趣的東西。爬著台階或穿過狹小的門檻時，他又堅持要拉住我的手。我不想得罪他，覺得他的故事都很有意思，但也眞是彆扭。

出來時，我們經過一個鑲有很美的花紋的圓形拱門。老先生指著拱門旁突出的一個台子。

「妳爬上去，我給妳照一張照片！很美的！」他笑著，並翻個白眼。

「太高了，我爬不上去。」我說，其實一點也不想這麼做。

「沒關係，我抱妳上去！」

「哦，不用了，謝謝，眞的不用了。」

「沒關係，沒關係！」他一直翻著白眼，搖得更厲害了。

我最後實在沒辦法跟他理論，只好讓他把我抱上台子，在藍色的瓷磚旁照了一張。

「我叫 Hasan。」他把相機還給我，翻個白眼說：「Hasan 在此送妳一張照片！」

◉絲路之絲

那天晚上我吃得好撐。Muhabbat-opa 的媳婦 Laylo 煮了一鍋撒馬爾罕風味的 palov，大家從一個大盤子上用手抓著吃。

我們坐在院子裏聽著蟋蟀的歌聲，Muhabbat-opa 回憶著我老師小時候的故事。Ravshan-aka 和 Nemat 坐在旁邊沒有說話，但眼睛裏流露著溫暖的懷念。

他們請我在老師的房間過夜。在書架上，我看到一張老師小學時的黑白照片。她有個圓圓的臉，辮子上打了兩個大蝴蝶結。我盯著它看了很久，覺得有一種思鄉的傷感。這時門悄悄地打開，Muhabbat-opa抱著一疊棉被進來給我。

「妳覺得她變了嗎？」她問。

「當然，她年紀大得多了。」我說：「但樣子還是跟這張照片很像。我覺得她長得很像您。」

Muhabbat-opa笑了。

「書架上這些書都是她的。她從小就愛看書，上了大學還是不肯嫁人，只想繼續念書、做研究，好倔強！可是她眞的很聰明。當然我常想，如果她也有個家，住在附近該多好，不過怎麼說我們還是很以她爲傲的。」

Muhabbat-opa隔天四點就把我叫醒了。她帶我去 Urgut，撒馬爾罕一個小時之外山區裏的小鎭。到那邊時，太陽才剛從山峰後面露臉，把清晨的霧氣染成淡黃。賣早點的小吃攤冒著串串的濃煙，似乎跟街上在放的中亞旋律一起跳躍著盤上天。

Urgut 有個大市集，許多人從遠近而來拍賣古董、絲綢、和銅器。這裡的手工藝品銷售到烏茲別克各地的大城市，從那裡再以原先五倍的價錢賣給觀光客。

Muhabbat-opa認識許多市集裏的人，於是幫我跟他們殺價。我買了一塊很精美的suzani，掛在牆上的繡花布料。

回到撒馬爾罕時才八點。吃了早餐之後，我便開始打包，準備出發去布卡拉。當我正忙著把那塊suzani塞進背包裏時，Muhabbat-opa走進房間，拿著一頂巧工針繡的便帽，和一塊很細緻的atlas絲綢。

「這是給妳的。」她把便帽放在我手裏。「它曾經是我的，也有一點歷史。這塊atlas不是這年頭買得到的了。它的染料不會褪色，而且妳摸摸看，特別軟。」

她把那塊絲綢攤開來，展現出耀眼的紅、藍、黃的條紋。

「這塊atlas送妳母親。」她說：「讓她知道妳在烏茲別克想念她。」

然後她陪我走到街上，Nemat已經在車上等著，準備載我去公車站。

「眞捨不得妳這麼快走。」Laylo抱了我一下，說：「回到美國，請跟大姑說我們都很想她。」

Muhabbat-opa微笑著，但沒有說話。Ravshan-aka 站在她旁邊，眨著微微濕了的眼睛。

布卡拉

【布卡拉】

我們的總督曾有四十位愛妾，
全部是九到十二歲。
過了十二歲，
她們便被送回娘家，
或贈給朋友與忠臣們。

沈重的歷史與子民

當我坐上從撒馬爾罕到布卡拉的巴士，四個年輕的法國人也帶著他們的大背包爬上車，坐在我後面。司機過來跟他們要錢，但他們已經買了票，不懂爲什麼還要給錢。司機開始對他們吼，他們無助地張望，彼此用法文吵了起來，又試著用英文跟司機理論。司機聽不懂英文，便用俄文和烏茲別克文跟他們吵。互相吵得越來越大聲，好像大聲就會使對方聽懂似的。

◉四頭小肥羊

我決定插手幫忙。

「嘿，各位，讓我幫你們跟司機問一下，好不好？」我轉過來用英文說。四個法國人愣住了。他們原來大概以爲我是俄國人，因爲上車時我正跟旁邊的人用俄文聊天。

「有什麼問題？」我問司機：「我可以爲他們翻譯。」

「他們帶的行李要加錢！」司機氣兇兇地說：「妳懂他們的外國話，跟他們講吧！」

我解釋給法國人聽。他們很訝異。「買了車票還要加錢？這正常嗎？」

「算滿正常的。以你們這麼大的背包，恐怕沒別的辦法。」我說。當然，我也知道當司機碰到幾個白白嫩嫩的外國人，是不可能輕易放棄這種賺錢機會的。

他們無奈地繳了行李費之後，跟我聊了起來。四個人都大學剛畢業。Ludovic，其中唯一的男生，在巴黎學美術設計，似乎最不適應鄉土生活。他一路直直地坐著，好像怕弄髒身上的白色T恤。他妹妹 Diane 有個小小的臉，小小的嘴巴，眼睛一張大就看起來像隻被嚇到的小松鼠。另外兩個女孩子 Alexandra 和 Manuela 顯得最自在。她們攀著椅背看我的旅遊指南，慢慢地吸著一瓶汽水。

「我們要去吉爾吉斯爬山，順便來看看烏茲別克的古城。」他們說。

「你們會去基發嗎？」我問。

「大概不會。我們只有時間去布卡拉。」Manuela說。

「已經買好車票了嗎？」

「還沒。」Ludovic 說：「但我們頂多只能在烏茲別克再玩三、四天。」

「可以啊！」我說：「你們如果在布卡拉待兩天，留一天去基發，再回塔什干還來得及。」

「這樣不會太趕嗎？」

「基發應該一天就夠了。我打算從布卡拉直接去。你們感興趣的話，我們可以一起走啊！」

他們商量了一下，最後決定要跟我一起去。我知道這下子我就得當領隊了，因爲他們都語言不通，但我覺得基發是値得一看的，而且在路上比較不會寂寞。

◉來一杯伏特加

經過七個小時的沙漠和棉花田，終於到達布卡拉時，我們都已經累歪了。我在車站找了一個看起來比較老實的計程車司機，帶我們找到旅館之後，我便跟他們四人計畫明天踫面。然後，我繼續坐車去找我朋友 Salomat 的親戚家，在那裡過夜。

Manzura-opa 和她先生 Baxtiyor-aka 住在一堆灰色的「共產屋」中。Manzura-opa 個子很小，話不多，臉上總是沒什麼表情。她帶我到一個鋪著厚地毯的房間，讓我在那裡過夜。布卡拉本來就很熱，房間裏簡直成了烤箱。我一走進去，汗就流個不停。廁所裏有個大鐵缸做爲澡盆。Manzura-opa 抱歉說沒有熱水，但我一點也不介意。洗完澡從廁所出來，又是滿身大汗。

「夠熱吧！」Baxtiyor-aka 看到我不停地用毛巾擦汗，哈哈笑著說：「這兒比撒馬爾罕還熱！進來吃飯吧！裡面有冷氣！」

聽到冷氣，我趕緊跟他到餐廳，一進去，便整個人累得攤在沙發上。Manzura-opa 過來坐在我旁邊，也是一副無精打采的樣子。Baxtiyor-aka 卻興致勃勃地在講故事。那天還有一個客人，是個年輕男子。Baxtiyor-aka 連說帶演的，那個男子只微笑著，偶爾搭上一兩句話。

「我這個朋友剛生個兒子！」他對我說，並用力拍了一下那人的肩膀。「今天下午，他剛接到消息，我們得好好慶祝慶祝！」

他說著便拿出一瓶 vodka，給每個人倒了一大杯。天氣這麼熱，我看到烈酒便倒胃口。

「我喝不了那麼多……」我說。

Baxtiyor-aka 看我一下，把杯子砰的用力放在桌上，酒都灑出來了。

「笑話！妳不是波蘭人嗎？波蘭人酒量好得很！」

Manzura-opa 立刻拿紙把桌上的酒擦乾。

「咱們喝！」Baxtiyor-aka 說：「我朋友家裏大喜，所以他先乾！」

◉大男人與小賤內

下面則輪到我。儘管 Baxtiyor-aka 極力慫恿，我一次也只能喝一口，不像其他人——包括 Manzura-opa——可以一次乾杯。我剛敬完，Baxtiyor-aka 便手一揮，對太太喊：

「妳先來，我最後，因爲我是一家之主！」他拍拍胸膛：「大主人！」再指著太太：「她是小賤內，嘿嘿！」

Manzura-opa 瞟了他一眼，舉起杯子。我還是只能喝一點，一心只想吃桌上的小菜。

Baxtiyor-aka 兩三下便解決了半瓶 vodka。這時門打開，Manzura-opa 的女兒 Umida 像隻貓似的悄悄溜了進來，含羞地走到母親身旁。她是個胖胖的少女，綁了一支很長的辮子。

「飯做好了。」她小聲地對母親說。

「那就端出來吧。」

過了一會兒，Umida 和她妹妹 Nozima 便端出大盤小盤的熱湯、燒肉、和馬鈴薯，小心地擺下之後又輕輕地離開。吃完了，Baxtiyor-aka 拿出刀子殺了兩個大西瓜作甜點。然後，姐妹兩人又出現了，一字不說地把盤子疊起來端走。

那興奮的「新爸爸」走了之後，Baxtiyor-aka 開始看一些烏茲別克歌舞表演的錄影帶。我看 Manzura-opa 靜靜地坐在旁邊，很想跟她聊天，可是不曉得該說什麼。最後我問她：

「Manzura-opa，請問您，我想在這裡買塊好的atlas布料，只要簡單條紋的，不要金絲繡花的那種，哪裡可以找得到？」

「這裡大概沒有。」她說：「妳可能得去費加那，那裡專門產 atlas。」

「我沒有時間去費加那，可是很多朋友說，布卡拉也可以找到好的atlas。」

「的確，但不是妳要的那種。這年頭，大家都喜歡金絲繡的大圖案。」她起身翻了一下五斗櫃，拿出一塊綠、黑、和米黃條紋的 atlas。

「送給妳。」她說：「現在找不到這種的了。」

我不好意思收，但她很快地按著我的手，對我慢慢點個頭，便轉身走進臥室。

◉小人國

第二天，我到旅館跟法國人會合，五人一起去觀光。布卡拉的古城比撒馬爾罕的還大，在歷史和文化上具有更重要的地位。而且這裡的古跡不但保存得非常完整，與現代建築也能並存，成爲活生生的、四處泛著傳統風味的城市。古代的老市場，如今還是很熱鬧。名勝與古跡之間的街道像蜘蛛網似的複雜，陶土高牆之間的小巷子窄得無法容納車輛，每扇門小得讓人懷疑是只爲孩子做的。我們曾經好奇地探

△我的法國朋友們。

△Umida,Shirin,和Nozima。

頭進去一個房子裏看，發現屋頂和樓梯也都出奇的矮小。

布卡拉四周是沙漠，夏天溫度極高，但感覺不像熱帶的悶。這裡的熱是慢火，如果整天在外面，到了下午便會神志不清，而且皮膚發燙，像是被火烤了一般。走了一上午，我們五個人都需要休息，便躲進一間陰涼的茶館，看著街上捲起的一團團飛砂。我很驚訝法國人居然也喜歡在熱天喝熱茶，想必是跟我一樣在中亞學的本事。

下午，我們先去看古城中心的大城堡。我們是那裡唯一的觀光客。從威武的大門走出來時，我看到幾個小弟靠著旁邊的牆坐著。他們在賣chilims，中亞人抽煙用的水煙管。太陽反射在上面，使表面的刻紋顯得特別漂亮。

「這是古董！」其中一個小弟說。

「能用嗎？」我問。

「當然！放點煙草，絕對沒問題的！」

「放別的東西，也可以！」另一位說，幾個人狡猾地笑了起來。

◉窮死的人，渴死的狗

我們看了一下，轉身要走的時候，蹚到幾個穿著破爛的婦人，伸著乾扁的手向我們推銷各種小藝品。我一時被她們窮苦的樣子嚇到了。

這時，Alexandra 和 Diane 突然一叫，跑到牆旁邊。那裡躺了一隻奄奄一息的狗，嘴裏正冒著白沫。

「Oh, no！它一定快渴死了……」

Diane 立刻跳起來向四周的人要碗盛水，大家都搖頭，但她非常堅持。最後有一個賣水煙管的小弟站起來，到旁邊的攤子拿來一個碗。Diane 倒了半瓶礦泉水給狗喝，走回來時嘴裏一直念著：「可憐的狗狗……」。幾個婦人還伸著手在後面跟著她。

我們接著去參觀布卡拉故總督的假日宮廷。它以像是個高雅的春宮而聞名，牆壁和屋頂都鑲滿了鏡子和染色玻璃，使室內充滿了紫、綠、紅、黃的光影。我們跟著一位導遊，聽她用俄文講解每個房間的歷史，我則擔任翻譯。

●戀童癖

當我們進入總督的閨房時，導遊說：「我們的總督曾有四十位愛妾，全部是九到十二歲。過了十二歲，她們便被送回娘家，或贈給朋友與忠臣們。」

幾個法國人聽到了，大吃一驚。

「九到十二歲!? My God！戀童癖！」

導遊問他們爲什麼反應那麼激烈。

「九歲到十二歲，似乎太小了點吧！」我說。

她很不屑地頭一撇，哼了一下。

「你們要知道，」她說：「那個時代的女孩子，因爲氣候的關係而成熟得快，九歲已經算成人了！」

我不知道她幹嘛爲總督的怪癖那麼理直氣壯，也有點想問她「那個時代」的氣候究竟有多麼不同，但想想，還是算了。戀童癖就是戀童癖。

◉不喜歡這裡的人

逛完了宮廷，四個法國人回旅館休息，我便自己慢慢走回 Manzura-opa 家。晚上七點，棕色的陶土牆在夕陽下染上一層紅色的光澤，整個城市暖暖的。街道上很平靜，連路人都很友善。我甚至覺得街上的灰土都很美，使我的腳踝以下都變成白色的。

回到家，發現 Manzura-opa 出去看親戚了，而 Baxtiyor-aka 送她去車站之後就沒回來。

「他恐怕很晚才會回家吧！」Umida 使了個很詭異的笑容。

晚飯已經準備好了。她問我要不要在冷氣房裏用餐，但我寧願跟她和她妹妹一起吃。

她們和一個朋友 Shirin 正趴在地毯上看電視，是英國劇院製作的《簡愛》。我帶回了一瓶兩公升的 Fanta 汽水給她們，Nozima 立刻給自己倒了一大杯。廣告時，我開始跟她們講那天的故事，去參觀的地方，跟對布卡拉的美好印象。

「妳們喜歡住在這裡嗎？」我問。

Umida 和 Shirin 彼此看了一眼。

「我喜歡這個地方，」Umida 說：「可是……我不喜歡這裡的人。」

「怎麼說呢？」

「他們太保守了。像我爸媽，他們就不讓我穿褲子，也不准我剪頭髮。」她舉起又長又粗的辮子說：「我真的很想把它剪掉，也不是要理短髮，差不多齊肩就好。可是我媽聽到就很不高興。她說壞女孩才會剪短髮。她每次只讓我修個邊而已。」

◉婚姻窗外的花花世界

她猶豫了一下，說：

「還有男生……我連男生的電話都不能接，除非是功課上需要的……」她看了一下 Shirin，兩個女孩子吃吃笑了起來。

「妳們今年幾歲？」我問。

「我們兩個都十八歲。」Umida 說：「可是 Shirin 已經嫁人了。」

Shirin 笑了一下，把手舉起來亮出戒指給我看。我很難想像這個講到男生還會傻笑的羞澀少女，竟然已經當了別人的太太，還說不定就很快要做媽媽。

「我也想跟妳一樣，旅遊世界。」Umida 對我說：「所以我要去上大學。如果現在考上大學的話，就可以不那麼早結婚了。」

《簡愛》結束了。下面播的是一個配了音的墨西哥肥皂劇。三個女生顯然都是這個節目的忠實觀眾，看得津津有味，還不時很興奮地轉過來跟我講解劇裏的情感背叛、糾紛、和主角之間的花花世界。

基發

【基發】

他瞪大了眼睛，整個人抖了一下，
一副要爆炸的樣子。
車上鴉雀無聲，
大概等著看他伸手把我掐死。

巴士酷刑

「我覺得我回到了古代的世界！」Diane 靠在陽台的欄干上，看著米色的圓頂和尖塔在一片深藍的星空背景中，不停地感嘆著。

我們在清晨一點到達了基發。爲了省時間，我和同行的四個法國朋友湊錢雇了輛旅行車。既然我是團裏唯一會說俄文的，司機堅持要我坐在前面陪他聊天。我們開著窗戶在沙漠裏奔馳了七個多小時，熱風烤得皮膚發燙，沙子像熱針一樣打在臉上。

◉沙漠中的一瓶水

現在，我們終於住進了舒服的飯店，一家模仿古代 madrasas 回教學院的旅館。老闆給了我們鑰匙之後就回去睡了。我們站在陽台上欣賞風景，Ludovic 和他妹妹 Diane 正在討論怎樣分配最後一瓶水。

「妳用它刷牙，我們就沒得喝了。」Ludovic 說。

「我一定得刷牙。你喝可樂嘛！」

「我不要睡覺前喝可樂。」

「幹嘛要用礦泉水刷牙？」我問。

「妳難道用自來水刷牙？」

「烏茲別克的水是OK的。這裡早就不鬧蛔蟲了。」

「還是小心點好。」Manuela 說：「我跟 Alexandra 兩年前去印度加爾各答當義工，在那裡病倒了。Alexandra 不得不趕回巴黎，在醫院裏住了好幾個禮拜！」

「怎麼了？」

「一種急性肝炎。」Alexandra 說：「我眞的以爲自己快沒命了。」

「妳們是去 Mother Teresa 那裡當義工嗎？那裡是什麼樣子？」

「很辛苦。」Alexandra 搖搖頭。「我們照顧的都是小孩；他們又餓又寂寞，好可憐！」

「我們實在沒勇氣去照顧老人跟病人。」Manuela 說：「現在回想算是個寶貴經驗，可是我沒膽子再去了。」

「水呢？」Diane 站在門口拿著牙刷問。

「Ludovic，你可以去跟老闆再要一瓶啊。」Manuela 說。

「再把他叫起來？」

「不然怎麼辦？我們跟他買，他應該不會介意的。」

Ludovic 嘆了口氣，跑去樓下。

◉女人啃羊尾

我們聊了一會兒就累了。四個法國人怕蚊子，都待在悶熱的房間裏，我則把睡鋪搬到陽台上。醒來時，早晨的太陽已經照在清眞寺的藍瓷磚上，閃著一片耀眼的金光。

基發是個博物館城；除了一些觀光客和禮品店之外，簡直沒別的東西，但所有的古跡都保存得非常完整。在龐大的長廊、聳天的高塔、和翡翠的瓷磚間，故世信徒的祈禱似乎還掛在空中，凝固成有重量的無聲。我們一人付了二十sum的門票，隨著讓人頭暈的旋轉台階，爬上又細又尖的高塔。從頂上的菱形木窗看出去，基發的古城和外圍新城的屋頂是一片棕色的馬賽克，旁邊圍著綠色的田地，再出去則是一條無邊境的白金沙漠。

我們花了五個鐘頭就差不多逛完了基發，下午便先回旅館等吃飯。走了一整天，我肚子已經餓極了。想到將要享用的豐盛套餐，我就開始興奮起來。

晚餐在寬敞的一樓大廳內供應。先上桌的是沙拉。我立刻投入那盤新鮮的番茄跟黃瓜，過了一會兒才發覺只有我一個人在吃。

「你們不餓嗎？」我抬起頭來問。

四個法國人苦笑著。

「我們不敢吃生菜……妳知道，用水洗的……」

「你們不是要去吉爾吉斯爬山嗎？」

「是啊？怎樣？」

「入境隨俗啊！要是山裏的人招待你們吃羊頭怎麼辦？」

「羊頭？」

「是啊！」我說：「據說那裡的人用羊頭招待貴賓，你們不吃的話恐怕會得罪人家喔！」

過了一會兒，Ludovic 尷尬地笑了起來。

「哈哈！至少羊頭不是生的，是吧？」

「那你最好有心理準備了，Ludovic，因爲羊頭八成全是你的！」

「我？爲什麼？」

「當地的規矩是：男人吃羊頭、女人啃羊尾。」

△我和Alex和Diane

他聽了之後就沒說話了。

晚餐一結束，我們立刻去房間裏收拾東西，趕去車站搭回塔什干的巴士。那天，我們先去訂位的時候，車站的小弟很兇地說：

「晚上七點以前一定要回來！我們準時出發，絕不等人的！」

七點差五分，我們背著大背包連奔帶跑地趕到車站，卻發現司機正靠著牆抽煙聊天，乘客們在附近散步，一點沒有要出發的樣子。

小弟打開了行李艙，伸手就要我們一人繳三百sum的行李載運費，口口聲聲說是老闆交代的，簡直太離譜了。我花了十幾分鐘跟他講價，最後降到五個人一起繳三百。給了他錢才讓我們上車，偏偏座位又是壞的，我們換到別的位子上，滿肚子不高興。過了不久，一個看起來好像兩年沒洗澡的男人抓著毛毛的大肚子，過來說我們佔了他的位子。看我們沒有動的意思，他又走開了。

七點四十，我們還沒出發。司機還叼著煙坐在外面，小弟正用力地拍著車上的破爛電視。幾個法國人開始著急了，因爲他們到塔什干還得去趕別的車到吉爾吉斯。

「Dominika，幫我們催一下好不好？」

「我也很無奈，」我說：「這就是中亞，付了錢也沒擔保的。」

問了司機，才知道原來那個兩年沒洗澡的人還在等他太太。本來叫我們七點一定要到的小弟，現在卻說：「怎麼能不等人家呢？太不講人情了吧！」

八點，那個男的終於帶著看起來跟他一樣髒兮兮的太太上車了，又衝過來說我們佔了他的位子，而且態度非常惡劣：

「滾！我的位子，滾！」

「位子都一樣，有什麼關係呢？」我說。

「沒關係還是我的位子，滾！」他噴著唾沫。

我眞的火大了。「本來七點就要出發的，一直在等你！」我喊回去：「我們已經在這裏坐了一個鐘頭了，你遲到，現在憑什麼叫我們滾!?」

他瞪大了眼睛，整個人抖了一下，一副要爆炸的樣子。車上鴉雀無聲，大概等著看他伸手把我掐死。這時收我們行李費的小弟站了起來，大聲罵了一連串我聽不懂的話。那個人狠狠地哼了一下，才跟太太找了別的位子，不時念念有詞地轉過來瞪我。

接下來便開始了十八個鐘頭的酷刑。冷氣壞了，整個車子顛跛著，電視又開得很大聲。我戴上 Walkman 也擋不住那傳統烏茲別克歌劇的尖銳聲音。沒洗澡的男人和他太太一路磕著瓜子，皮吐得滿走道都是。歌劇結束了，接下來的竟是一部成龍的老電影，以土耳其文配音加上俄文字幕。

晚上十一點，我們在路邊停下來休息一會兒。有人在這裡賣熱茶跟點心。我買了片烤魚，蹲在火邊吃。

「這裡怎麼會有魚?」Manuela 問。

△我和Manuela戴當地的大毛帽。

「阿姆河好像離這裡不遠，」我說：「八成是從那裡撈上來的吧。」

「乾淨嗎？」

「八成不乾淨，可是很香。要不要試試看？」

他們都搖頭，一副覺得很噁心的樣子。

第二天下午，車子終於到了塔什干。我們全身又酸又痛，大家先到我那裡沖個澡之後，便一起出去吃個快餐。幾個法國人堅持要漢堡。

吃完飯，我送他們回到車站。他們一直謝我，叫我一定要去巴黎玩。但當時我只想回家休息。我在烏茲別克只剩兩個禮拜了，要辦的事好多。看著他們搭上巴士，向我揮手的時候，我心裡突然有了一種失落感；我知道再過不久，自己也該上路了。

塔什干

【塔什干】

我走進迷宮似的小巷子。
在外圍一片灰色水泥樓房間，
那裡的小陶土屋就像個仙境。

早餐

在塔什干最後一個禮拜，我簡直沒睡。離開前，突然有成千上萬件事得處理：去圖書館影印資料、給美國朋友們買禮物、跟這裡的朋友告別、找最後一批研究對象錄音……我還得去刁難的中國領事館辦簽證，並從更刁難的區公所領取我的出境許可。爲了讓自己早起，我開始搬到陽台上去睡，每天六點就出門，忙到晚上回來，攤在沙發上跟Shahlo喝杯茶、聊聊天便睡了。

塔什干的面積很大，隨便從這兒到那兒就得花上兩個小時。我多半的時間不是擠地鐵和公車，就是在壯觀又奇長無比的大道上趕路。

◉你沒長眼睛嗎？

有一天，我得從國家統計部門（聽名字就知道這是一個難纏的官僚機構）調取一些資料，但必須先拿到國家學院的特別許可。Erkin-aka在國家學院做事，我便先去找他。那天，我來不及坐公車，從家裡出來便立刻到路口叫計程車。通常在大馬路上總有一兩部車，等著像我這樣趕時間的乘客，但今天偏偏沒有。

後來，我看到一部車停在公車站旁邊，但不太像計程車。我猜是私營的「野雞車」，於是走過去，彎身湊近窗戶。

「Taxi？」我用俄文問。

司機轉過來，一副很兇的樣子：

「沒長眼睛嗎？Taxi, taxi，當然是 taxi！」

這時我才看到儀表板上畫的大「T」字。

「OK，OK，你不要那麼兇嘛！」我坐上車。

「去哪裡？」

「國家學院，在 Pushkin 路，請問要……」

「我知道地址啦！」

「……請問要多少錢？」

「兩百！」他說著便上路了。我看著他後視鏡裏小小的眼睛，粗糙的手，滿臉的皺紋沒有一條看起來是快樂的。

◉一個爛國家

「妳哪裡來的？」他問，語氣稍微好一點。

「美國。」

「來這個鬼地方幹嘛？」

「什麼鬼地方？」

他眼睛瞇得更小了。

「這裡！這個爛國家！怎麼，妳難道喜歡這兒？」

我想了想，還是不要直接回答。「難道以前比較好嗎？」我問。

如果他是瓶搖了很久的汽水的話，我這個問題就掀開了他的瓶蓋。蘇聯瓦解之後的日子不是人過的，他說。薪水太少，通貨膨脹太高，連人情都買不起了。而且那些「混帳的烏茲別克人」一點也不上進，只做些「一塊買、兩塊賣」的小生意。不但這樣，現在民族意識還強起來了，大家都得學烏茲別克文，如今在塔什干的俄國人，連狗都不如……

下車時，我整個人覺得好累。我曾經讀過許多關於俄國和烏茲別克人民的歷史研究，卻從來沒有那麼直接地感覺到他們之間的糾紛，和我研究題材的敏感度。走向國家學院，我的心情頓然有點低落。

國家學院看起來也不是個快樂的地方。那是一棟六層樓高的灰色水泥房，外表毫無特色。一排排完全相同的鐵窗流著鐵銹，像是淤血的抓痕。

◉為什麼我不知道？

Erkin-aka的辦公室，在二樓長長陰暗走廊中的第三扇門。裡面有兩把椅子、一張桌子、一部打字機、滿架的書，和一張貼在牆上的烏茲別克古文圖表。進去時，他正彎著身子研究一堆泛黃的報告。聽我解釋了狀況，他說最好先自己把文件都寫好之後，再直接帶去請院長簽字。我們剛擬好這份文案時，一位同事敲門進來。

「Edi！」Erkin-aka 大叫了一聲：「你來的正好！麻煩你幫我改一下這封信。你的俄文比我強多了！」

Edi 看了我一眼。我向他自我介紹，說我是美國來的學生。當我告訴他我的研究題材時，他挑起了眉毛：

「是嗎？這正是我的專長！」

「眞的？」

「是的。我的博士論文就是寫妳所說的這個題材。妳爲什麼不早來找我呢？我可以給妳不少建議的。」

「我不知道您也……」我看了一下Erkin-aka。他似乎正專心看桌上的報告。「

……也研究這個。既然如此，我希望能拜讀您的論文。」

「當然。圖書館有一份。我的全名是 Edi Panasenko。」

「Panasenko？」我記得這個名字。整整一個禮拜前，我才跟 Erkin-aka 一起到學院的圖書館影印過這份論文。他當時怎麼沒有告訴我，作者就是他同事呢？

「原來您就是 Panasenko 教授。」我笑了一下。「我已經讀了您的大作，只是不知道您就在這個學院。可惜我就要離開塔什干了，但如果您有空的話，我能不能這幾天與您碰個面呢？」

他笑了一下，很快瞄了旁邊一下，說「當然」，就走了。

門帶上，我立刻轉身問 Erkin-aka：

「我們上個禮拜影印的論文就是他的，你當時還說那對我的研究應該很有幫助，爲什麼不告訴我他就是你同事？」

Erkin-aka 手托著下巴，兩隻淺藍色的眼睛睜得大大的，一副無辜的樣子。

「我忘了！」他說。

◉一個過氣的豪門

第二天我特別早起，去塔什干最老的回教社區 Eski Shahar 拍幾張照片留念。拿著相機和錄音器材，我走進迷宮似的小巷子。在外圍一片灰色水泥樓房間，那裡的小陶土屋就像個仙境。

早上七點，社區裏還是非常的清靜。土黃色的牆在早晨的陽光下慢慢暖起來，與天空的藍成爲很美的對比。偶爾路過的人都很驚訝地看著我；這不是觀光客來的地方。

在巷口，我看到一棟剛整修過的房子，雪白的石膏牆和精美的木工，顯然是有錢的住家。我正拿出相機時，一位五十幾歲的中年人走過來。「小姐找人嗎？」他問。

「喔，不，我只是很喜歡這個。」我指著沿著屋簷的巧雕木頭。

「那是我的房子。」他驕傲地說：「請問小姐是哪裡來的？」

「美國。」

「是嗎？」他說：「那妳一定沒看過這種房子。這是我的家，我是在這兒出生長大的。我們不久前才從頭到尾整修過。」

「眞是個很漂亮的家。」

「妳想進來看看嗎？」

「喔，不敢打擾你們……」

「不會的、不會的。進來吧！」

他帶我上樓參觀。房間裏鋪著一塊非常高級的波斯地毯，中間有一套油亮的深木桌椅。角落擺著一台在烏茲別克很少見的 Sony 彩色電視。他過去把電視機開到很大聲。

我跟那位先生聊了一會兒，多半的時間都是他在講自己的房子。我有點想偷偷打開錄音機，這時他太太進來，請我和他們一起用早餐。

◉一個過去的年代

我們在面對後院的花房裏坐下。這裡也擺了一台彩色電視。婦人端出茶和 palov 的時候，我問她是否能讓我錄音做語言學習。她有點不解，但還是答應了。接著她便坐下來，開始跟我談她的生活。她是個老師，但她的眼神和舉止流露著一種歷盡滄桑的智慧。她說話的聲音也帶點風霜，憂愁但是堅強。

「我丈夫，」她說：「他以前在內政部做事，現在退休了。我們的大兒子現在去上班，他很早就出門了。」

原來是內政部的官員，我心想，難怪有漂亮的房子和兩台Sony電視。這種老政權下的幹部通常都很懷念蘇聯的日子。

「您覺得現在的生活比較好，還是以前好？」我問。

「現在東西比較貴，又有很多人失業。」她平平地說：「日子的確比較不好過。雖然是夏天的旅遊旺季，旅館卻是空的，因爲大家都沒錢度假。但是，我們現在是個獨立的國家，這當然比較好。本來每個階段都是個考驗，不是嗎？總有壞的時候，也總有好的時候。」

我看著她，不知道該怎麼衡量這個答案。他們顯然不是窮人，當年在蘇聯執政下，也一定享有某些特權。她眞的可以如此泰然地隨著歷史的風波轉舵，還是，舒適的生活反而容易讓人超然？

「您喜歡住在Eski Shahar嗎？」過了一會兒，我想到問她。

「我很喜歡這個房子。自從嫁給我丈夫之後就住在這兒，三十年了。可是妳知道這裡快要被拆了嗎？」

「要拆了？爲什麼？」

「Eski Shahar 要逐漸全部拆除，換成新的大樓。」

「可是這是古城，是有歷史的地方啊！」我激動地說。

婦人淡淡地笑了笑。

「很多人覺得這裡不夠進步。他們說我們既然獨立了，就該重新建設。我可以了解這種想法。許多傳統的 mahalla 區實在很破舊，已經接近荒廢的地步了。可是……」

她深深地嘆口氣：

「我還是喜歡我的家。我不想去住公寓，即使是新的、舒服的。我喜歡這高高圍牆給我的隱私和安全感。而且我喜歡這個院子。我實在捨不下這個院子。」

臨走前，我給他們照了一張照片，用那房子新漆好的白牆做背景。他們不像其他人一樣，要我回到美國以後一定要寄一張給他們，也沒有叫我隨時再來做客。當我道謝時他們只笑了笑，跟我說不客氣，祝我學業成功。婦人陪我走到門口，最後對我說：

「希望那捲帶子，能幫助妳學習。」

烏茲別克

【烏茲別克】

我把頭靠在車窗熱熱的玻璃上，
讓那些沒說的話滾下我哽咽的喉嚨，
到我的心底……

沒說完的話

我在離開烏茲別克前最想做的一件事，就是給自己買一套atlas絲綢的傳統服裝。我把 Muhabbat-opa 和 Manzura-opa 之前送我的兩塊料子留給母親，自己去 Chorsu 市集逛了一整天，終於找到了一塊滿意的。它染著紅、綠、黃、黑的條紋，沒有任何的金絲和花樣，很簡單。

我把它拿給 Jahon 的表姐 Etibor，城裏很有名的裁縫。她會做各種西方跟傳統的烏茲別克衣服，也經常有人跟她訂做結婚禮服。

她很高興幫我做 atlas，但也滿驚訝的。

「在烏茲別克，我們總追西方的時髦，妳卻倒過來要穿我們傳統的衣服？」

我說在美國雖然不太可能穿上街，但在家裏穿一定很舒服。

◉妳像個本地新娘

臨走的前一天晚上，我去她家拿衣服，並跟 Jahon 約在那裡踫面。我到的時候，他已經在那兒很久了。

「穿穿看吧！」Etibor 把衣服遞給我。它掛在衣架上，那柔軟的絲綢似乎在燈光下閃閃發亮，寬鬆的褲管下面還有錦緞車邊，想必花了不少工夫。

我去隔壁房間試穿。走出來時，Etibor 整個人跳了起來。

「好美啊！」她拍著手說。「妳這樣子就像本地的新娘了！」

Jahon 淡淡地笑著，沒說什麼，但他眼神所表達的，不是幾個字可以形容的。

◉很輕也很重

在 Etibor 家吃了晚飯後，我和 Jahon 慢慢地在獨立廣場散步。

「要不要冰淇淋？」他問。

「好啊！我們可以再去旅館噴泉旁邊那家，ok？」

自從爬山那次，我們彼此都沒什麼時間見面。有機會碰到，也通常是去他朋友或親戚家做錄音，蒐集研究資料的時候。

現在，到了我在塔什干的最後一晚，彼此都不知該說什麼。我們還是聊了很多，但又似乎沒聊什麼：他的診所、我的研究、下面的行程、我如何承受了整個夏天四十五度的天氣……但所有的談吐都顯得有點勉強，像是一團霧懸在我們之間。

◉她們都太不像妳了

到了噴泉旁邊，我找了位子坐下，他去買冰淇淋。我們一起看著彩色燈光下的水柱和旁邊路過的群眾，小孩們在池子旁邊笑鬧著戲水。

「我媽找媒人談過了，有幾個女孩子要介紹給我。」他突然說。

「是嗎？」我心裡突然閃過以後如果見到他太太的畫面。那個女孩子一定會很客氣地端出茶和 palov ，不了解我和 Jahon 彼此可能交換的眼神。同時，我也將不了解他和那女孩子之間的眼神。我當然希望他找到一個相愛的伴侶，但那畫面突然讓我有點感傷。不知道他結婚之後，我們是否還會保持聯絡。

「你見過這幾個女孩子了嗎？」我問。

「還沒。目前有點麻煩。說實在的，我不想透露我是醫生，更不想讓人家知道我正在修第二個法律學位。我不要女孩子爲那些東西嫁給我，妳知道。我要以最普通的方式跟她碰面，看她對我的感覺。我不要她光看上我的學歷而裝模作樣，我要她眞正喜歡我。」

我微笑著點點頭，沒說什麼。他看了我一下，有點不好意思。

「妳知道，媒婆她們……她們不能了解我爲什麼要瞞著這些事。有一次她們就說了，告訴其中一家，說我是醫生又是律師等等……現在那家一天到晚打電話來，要我跟他們女兒碰面，眞是煩死人了……」

他突然激動起來：

「我眞是覺得厭煩，我根本沒興趣，還要這樣。我媽叫我今年就要結婚，但我看八成不會。找人談何容易？這些女孩子，她們沒一個合適的！她們都太……不像妳了。」

這句話懸在空中。我們默默地看著彼此很久。最後我嘆了口氣，說：

「我們回去吧！明天的事情好多，我還得收拾行李呢！你明天可以過來陪我辦事嗎？」

他臉抖了一下，好像被針戳到似的。回去一路都沒說話，直到我家門口，他說：

「我正假裝告訴自己，說妳還沒有要走。直到妳坐上車子離開，我還是會這麼告訴自己的。」

◉我會想妳……

回家後，我便忙著收拾東西，又跟Shahlo聊了一整夜，根本沒怎麼睡。第二天早晨爬起來，便趕著料理最後的事情。先去 Erkin-aka 家吃早餐，和他全家說再見，然後跟 Salomat 碰面，拿了幾封她要我帶給美國朋友的信。領了中國簽證，跑去銀行結匯，去 e-mail 公司結賬，再去郵局把一些不用的東西先寄回美國。Jahon 在半途跟我踫面，一起四處跑著把剩下的事辦完。

回到家，換上當時爬山穿的牛仔褲跟球鞋（我的旅行裝），背上大背包趕出門，Jahon 已經叫了計程車在外面等著。巴士不到一個小時就要出發了。

「還來得及，」Jahon 坐上車時說：「要不，只好多待一天了！」

我笑了，連司機也莫名其妙地跟著笑了起來。不曉得他猜想我和 Jahon 是什麼關係。朋友？情侶？當然不像是親戚。

我們及時趕到。跳下車，拎出行李，跑過街到車站，找到巴士，把背包塞進行李艙，點數一下隨身的必用品，把車票給司機，上車找到座位，把東西放下再走出來，然後——

就這樣。Finally。

「到美國給我寫個 e-mail，ok？讓我知道一切平安！」

我點點頭。

「好啦，那麼，希望妳再來塔什干。」

「你來美國嘛！」

「喔，對了，去美國就輪妳付錢了！」

我們笑了一下，很勉強。

司機坐上駕駛座，準備要出發了。Jahon 過來，第一次抱了我一下，很快地親一下我的臉頰。

「保重。」他說。

「你也保重。」

我爬上車子。他的臉閃了一下，門就關上了。

這一刻，我已經想像很久了。我離開塔什干之前的最後一刻。我知道他會在車站送我。他會站在我面前，在引擎已經起動的巴士旁邊，而在他的眼睛裏，我將看到這整個夏天在沙漠烈日中的回憶。所以我早就準備好怎麼跟他說「我會想你」。以不同的音高、不同的輕重、用烏茲別克文又用俄文練習了好多次，找到最適當的語氣。「我會想你」，想他、想塔什干、想念我將留下來的一部分自己。

但在最後，我竟然什麼都沒說。我只把頭靠在車窗熱熱的玻璃上，讓那些沒說的話滾下我哽咽的喉嚨，到我的心底……

△再回頭……

◉請別錯過多明尼卡・芭蘭接下來更精采的中國之旅：

我獨自走過中國

在完成烏茲別克的碩士論文研究之後，多明尼卡突然決定一個人穿過哈薩克到中國。她經過天山、黃土高原和沙漠至北京；再經深圳、香港到台灣。這本《我獨自走過中國》就紀錄了她旅途的奇遇。在你為她流眼淚、冒冷汗之餘，也值得你深深地省思——我們的年輕人，有幾個敢這樣？我們的父母，有幾人敢放子女單飛，飛向海洋、飛向世界……

◉新二十五開・二〇八頁穿線裝・定價一七〇元◉超越出版社出版

◉大地出版社總經銷

我獨自走過中國
多明尼卡・芭蘭原著
劉軒 譯
Rather Take the Hard Seat

國家圖書館出版品預行編目資料

要走就要夠狠／多明尼卡．芭蘭（Dominika Baran）原著：劉軒譯. --初版. --臺北市：超越，2001〔民90〕
面； 公分
譯自：My Journey to the Heart of Asia
ISBN 957-98036-5-X（平裝）

1.中亞-描述與遊記

734.39 90013212

要走就要夠狠

作者：多明尼卡．芭蘭（英文原著）劉軒（翻譯）
發行人：劉 墉
出版者：超越出版社
地址：臺北市忠孝東路四段三一一號八樓之六
郵政劃撥：一九二八二二八九號
電話：（○二）二七四一四六五三
傳真：（○二）二七四一五二六六
登記證：局版北市業字第壹陸壹零號
責任編輯：畢蘭馨
校對：畢薇薇 黃美惠 蔡慧慧
總經銷：大地出版社
地址：臺北市內湖區內湖路二段一○三巷一○四號
電話：（○二）二六二七七七四九
印刷：中原造像股份有限公司
地址：臺北縣中和市建康路一三○號七樓之十一
定價：平裝一九○元
出版：二○○一年十月

ISBN:957-98036-5-X

Printed in Taiwan